Vorwort

D1997840

Leistungserhebungen mit kompetenzorientierten Aufgaben

Sehr geehrte Kolleginnen und Kollegen,
die vorliegende Aufgabensammlung orientiert sich an der Progression und den Inhalten des Klett-Lehrwerkes Découvertes 3, Série jaune. Die Aufgaben bieten Ihnen die Möglichkeit, zu jeder Einheit die **funktionalen kommunikativen Kompetenzen** Hör- / Hör-Sehverstehen *(Ecouter / Regarder une vidéo)*, Leseverstehen *(Lire)*, Textproduktion *(Ecrire)* und Sprachmittlung *(Médiation)* in situativer Einbettung abzuprüfen.
Darüber hinaus gibt es Aufgaben für zwei **mündliche Klassenarbeiten** (nach Unité 4 bzw. am Ende der Jahrgangsstufe), mit denen die mündliche Ausdrucksfähigkeit *(Parler)* überprüft werden kann.
Die Aufgabensammlung enthält zudem zu jeder Einheit ein umfangreiches Angebot an Aufgaben, die die **Verfügung über die sprachlichen Mittel** überprüfen *(Grammaire, Vocabulaire)*.
Neu ist hier das Aufgabenformat *La langue dans son contexte*. Es handelt sich dabei um einen Test zur Überprüfung der allgemeinen Sprachbeherrschung. Die Aufgaben gehen auf fünf verschiedene Testformate ein. Die Vorstellung der Testformate finden Sie auf der CD-ROM unter „Lehrerhilfen".
In der gesamten Aufgabensammlung (Print und CD-ROM) werden pro Einheit zu den verschiedenen Teilkompetenzen meistens **zwei Aufgaben** angeboten.

Der Printteil

Im ersten Heftteil finden Sie Aufgaben zu den funktionalen kommunikativen Kompetenzen.
Der zweite Heftteil enthält zahlreiche Aufgaben zu den sprachlichen Mitteln. Diese Aufgaben eignen sich für eine stärker an einzelnen Lernzielen orientierte Überprüfung, für Kurzkontrollen oder Extemporalien. Ggf. können die Aufgaben auch zur weiteren vertieften Übung im Unterricht eingesetzt werden.

Die Audio-CD

Sie ist für den **Einsatz während der Leistungserhebung** gedacht und enthält zu jeder Hörverstehensaufgabe sowie zur Mediationsaufgabe in Unité 4 ein **Tondokument**, das Sie auf jedem CD-Spieler oder auf dem PC bzw. Mac abspielen können.

Die CD-ROM

Sie ist für Ihre **Vorbereitung der Leistungserhebung** gedacht und enthält
– **alle Tondokumente** der 5 Unités und der beiden Modules im mp3-Format einschließlich der Textfassungen sowie
– **ein Video** im mp4-Format zum direkten Abspielen auf Ihrem PC bzw. Mac (einsetzbar nach Unité 3).
– **Alle Aufgaben des Printteils** als veränderbare Word®-Dokumente und als PDF. Somit haben Sie zum einen die Möglichkeit, die Aufgaben entsprechend der Vorgaben Ihres Bundeslandes bzw. Ihrer eigenen Bedürfnisse zusammenzustellen, zum anderen lassen sich die Aufgaben aber auch leicht passgenau im Hinblick auf das Leistungsniveau Ihrer Lerngruppe und Ihre Schwerpunktsetzung im Unterricht verändern (Verlängern, Kürzen, Umformulieren bzw. Ersetzen von Items etc.).
– **Zahlreiche zusätzliche Aufgaben** in jeder Einheit zur Erstellung einer zweiten Klassenarbeit.
– **Lösungen** bzw. **Lösungsvorschläge** für die offenen Aufgabenformate.
– **Lehrerhilfen**, z. B. Kompetenzbeschreibungen, Anhaltspunkte für Evaluationskriterien etc.

Kompetenzorientierung bei der Leistungsmessung

Bei den kompetenzorientierten Aufgaben geht es um die Bewältigung einer authentischen Situation, die den Bezug zur Alltagswelt der Schülerinnen und Schüler berücksichtigt. Dementsprechend haben bei der Bearbeitung dieser Aufgaben die sprachlichen Mittel eine dienende Funktion.

Das Hörverstehen, das Hör-Sehverstehen und das Leseverstehen

In diesen Aufgaben werden rezeptive Teilkompetenzen überprüft: das Verstehen der Gesamtaussage (Globalverstehen) bzw. von wesentlichen Einzelheiten (Detailverstehen) und stellenweise auch die gezielte Informationsentnahme (selektives Verstehen).

Die Textproduktion

Diesen Aufgaben liegen vertraute authentische Schreibanlässe zugrunde (z. B. E-Mail, Blogeinträge etc.). Hier finden sich im dritten Lernjahr überwiegend offene Formate, ausgehend von Stimuli in Wort und / oder Bild. Für eine individuell zugeschnittene Leistungsüberprüfung gibt es manche Aufgaben auch in einer halb offenen Variante.

Die Sprachmittlung / Mediation

Diese Aufgaben sind entweder Dolmetschsituationen (in die und aus der Zielsprache) oder zusammenfassende, eigenständig und angemessen versprachlichte Wiedergaben der Inhalte einer französischen Textvorlage auf Deutsch oder umgekehrt in einem authentischen situativen Kontext. Sie erfordern zunehmend auch die praktische Bewältigung interkultureller Begegnungssituationen.
Neu in diesem Heft ist eine Mediationsaufgabe, die von einem **Hörtext** ausgeht.

Die Differenzierung

Im Sinne der Leistungsdifferenzierung bieten zahlreiche Hinweise in den Lösungen bzw. Aufgaben die Möglichkeit, von verschiedenen Anforderungsniveaus auszugehen.

Die Leistungsbeurteilung

Aufgrund der unterschiedlichen länderspezifischen Regelungen wird auf konkrete Punkte- oder Prozentangaben verzichtet. In den **Lehrerhilfen** auf der CD-ROM finden Sie jedoch nützliche Hinweise zur Bestimmung des Schwellenwertes sowie **Raster** mit **Evaluationskriterien für Textproduktionsaufgaben** bzw. **für Sprachmittlungsaufgaben**.

Wir wünschen Ihnen und Ihren Schülerinnen und Schülern viel Erfolg! Ihr Sesam-Team

Inhalt

Inhalt

Inhalt

Inhalt

U 1 KA-Nr.: Name: Datum: Kl./Kurs: L-Krzl.:

Thema der Klassenarbeit: ______________________________

Ecouter: Un poème pour Coralie

Coralie Lemercier est dans sa chambre.
Dans le couloir, le téléphone sonne, c'est un garçon.
Mais Coralie ne répond pas …

A *Ecoute le document et coche la bonne phrase.*

Le garçon est triste parce que Coralie aime un autre garçon.	☐
Le garçon est triste parce qu'il ne réussit pas à oublier Coralie.	☐
Le garçon n'aime plus Coralie, il veut trouver une autre fille.	☐

B *Ecoute le document encore une fois et coche les phrases correctes.*

1. Le garçon qui appelle, c'est
a) Lucas. ☐
b) Nicolas. ☐
c) Thomas. ☐

2. Il appelle pour
a) la première fois. ☐
b) la deuxième fois. ☐
c) la cinquième fois. ☐

3. Il trouve: quand on a des problèmes,
a) il faut attendre que ça passe. ☐
b) il faut en parler. ☐
c) il faut vite les oublier. ☐

4. Tous les matins, le garçon est
a) de mauvaise humeur quand il pense à Coralie. ☐
b) de bonne humeur quand il pense à Coralie. ☐
c) de mauvaise humeur, mais plus tard, non. ☐

5. Pour oublier son chagrin, le garçon
a) court[1] tous les matins. ☐
b) fait de la musique avec ses copains. ☐
c) essaie de trouver une autre fille. ☐

6. Coralie
a) n'aime pas le poème, mais dit pardon au garçon. ☐
b) aime le poème, mais n'aime pas le garçon. ☐
c) aime beaucoup le poème. ☐

C *Ecoute une dernière fois le poème et complète les rimes suivantes (… ergänze die folgenden Reime).*

1. Je n'imagine pas
une ______________________________.

2. Il ne faut pas s'ennuyer[2]
il faut ______________________________.

3. Je cours[3], je cours
______________________________.

4. J'ai tout fait,
mais ______________________________.

---

1 il court (verbe: courir) *er rennt / läuft (Verb: rennen / laufen);* ***2 s'ennuyer*** *sich langweilen;* ***3 je cours*** *ich renne / laufe*

U 1 KA-Nr.: Name: Datum: Kl./Kurs: L-Krzl.:

Lire: L'adolescence[1], c'est ...

Voici le texte qu'un garçon a écrit dans son blog, sur Internet.

A *Lis le texte et coche la bonne image.*

Je suis Patrick. (C'est mon pseudo[2], bien sûr.) J'ai 13 ans, bientôt 14 ans.
Je vous écris dans ce blog parce que je veux savoir s'il y a des garçons qui sont comme moi. Parce que moi, depuis quelque temps, je trouve que je ne suis plus comme les autres. Mais je suis comme toujours, je n'ai pas changé. A mon avis, ce sont les autres garçons, mes copains par exemple, qui ont changé. Alors, je me sens souvent seul et je suis de mauvaise humeur pratiquement tous les jours. Dans la famille, ce n'est pas facile. Mes frères et sœurs et surtout ma mère, sont énervés. Ils ne me comprennent pas. Heureusement[3], j'ai mon ordinateur et devant mon ordi, je suis content.
Quand il fait beau, ma mère me dit: «Patrick, ne reste pas dans ta chambre, il faut retrouver tes copains, ils jouent au football. Il faut sortir, tu as besoin de[4] soleil! Mais moi, je ne veux pas sortir, je veux rester chez moi, devant mon ordinateur. Sur Internet, je me sens[5] bien. J'ai aussi des copains sur le net, ils habitent loin, je ne sais pas où, mais ils jouent avec moi, on s'amuse bien. Mes copains, je veux dire les copains d'ici, ils ne jouent pas vraiment au foot, ils regardent les filles qui les regardent aussi. Et ils parlent des filles. Un jour, ils disent qu'ils aiment beaucoup les filles sportives, et un jour plus tard, ils préfèrent les filles qui portent des vêtements cool. Ils n'arrêtent pas de raconter des histoires de filles. Ils disent qu'ils ont des rendez-vous[6] avec une très jolie fille, qu'ils ont été au cinéma avec elle ou bien ils disent qu'ils ont embrassé[7] une fille de la classe et que les autres sont jalouses[8].
Je ne sais pas si leurs histoires sont vraies ou pas. Moi, je ne m'intéresse pas aux filles, je ne veux pas les voir, je ne les trouve pas jolies! Moi, je voudrais jouer au foot, mais sans discuter. Je n'ai pas envie d'être regardé et je n'ai pas envie de regarder les autres!
Quand je ne sors pas de ma chambre, quand je n'ai pas la pêche, ma mère dit parfois:
«C'est l'adolescence, ça va passer. Fais du sport, ça va te faire du bien.»
Je ne comprends pas: l'adolescence, c'est quand on commence à s'intéresser aux filles, non?
Moi, c'est le contraire[9]!»?

1

☐

2

☐

3

☐

4

☐

1 ***l'adolescence*** *(f.) die Pubertät; 2* ***un pseudo*** *ein Pseudonym / Alias / Nickname; 3* ***heureusement*** *glücklicherweise; 4* ***avoir besoin de qc*** *etw. brauchen; 5* ***je me sens (verbe: se sentir)*** *ich fühle mich (Verb: sich fühlen); 6* ***un rendez-vous*** *eine Verabredung; 7* ***embrasser qn*** *hier: jdn. küssen; 8* ***jaloux, jalouses*** *eifersüchtig; 9* ***le contraire*** *das Gegenteil*

B *Lis le texte encore une fois. Vrai ou faux? Coche.*
Justifie ta réponse: note la ligne / les lignes dans le tableau.

	vrai	faux	ligne(s)
1. Le nom du garçon qui a écrit sur le blog est Patrick.	☐	☐	
2. Le garçon trouve que, depuis quelque temps, il a beaucoup changé.	☐	☐	
3. Il se sent[1] souvent seul.	☐	☐	
4. Normalement[2], il est de bonne humeur, mais il y a des jours où il n'a pas la pêche.	☐	☐	
5. Sa famille accepte[3] son humeur.	☐	☐	
6. Il préfère jouer avec ses copains du net.	☐	☐	
7. Ses copains aiment les filles sportives qui portent parfois des fringues cool.	☐	☐	
8. Il a déjà eu un rendez-vous avec une fille, il l'a invitée au cinéma.	☐	☐	
9. Les copains racontent qu'ils ont embrassé une fille.	☐	☐	
10. Le garçon est comme les autres garçons de son âge.	☐	☐	
11. Il s'intéresse[4] aussi au foot.	☐	☐	
12. Il n'aime pas que les filles le regardent et donnent leurs avis.	☐	☐	
13. Sa mère croit qu'il se trouve en pleine adolescence.	☐	☐	
14. La mère dit que les problèmes de son fils vont passer.	☐	☐	
15. Le garçon ne sait pas vraiment ce que[5] c'est, l'adolescence.	☐	☐	

1 ***il se sent*** *er fühlt sich;* **2 *normalement*** *normalerweise;* **3 *accepter qc / qn*** *etw. / jdn. akzeptieren / annehmen;* **4 *s'intéresser à qc*** *sich für etw. interessieren;* **5 *ce que*** *was*

Ecrire: Moi, je suis ...

Valérie Çavapas est déprimée. Sa copine Marie Bellevie, au contraire, est gaie. Dans un chat, les deux copines se racontent pourquoi elles sont contentes ou pas contentes. Marie donne aussi des conseils à Valérie pour lui redonner la pêche.
(Valérie Çavapas ist deprimiert. Ihre Freundin Marie Bellevie hingegen ist fröhlich. In einem Chat unterhalten sich die beiden über ihre Stimmungen, erzählen sich, warum sie traurig sind bzw. sich freuen, und Marie gibt Valérie Ratschläge, um die schlechte Stimmung zu überwinden.)

Ecris un dialogue de 120-150 mots entre Valérie Çavapas et Marie Bellevie.
(Schreibe einen Dialog von 120-150 Wörtern zwischen Valérie Çavapas und Marie Bellevie.
Du kannst jeweils beginnen mit: Moi, je suis heureuse / triste ...)

U 1 KA-Nr.: Name: Datum: Kl./Kurs: L-Krzl.:

Médiation: Un cadeau pour Louna

Ihr seid mit eurer Fußballmannschaft zu einer Sportbegegnung bei einem befreundeten Verein in Frankreich und habt euch schon gut mit den französischen Mädchen und Jungen angefreundet. In wenigen Tagen hat Louna, eines der französischen Mädchen, ihren 13. Geburtstag. Ihr wollt zusammen ein Geschenk für sie suchen. Da ihr wisst, dass Louna sehr gerne liest, habt ihr euch in der Jugendbuchabteilung der FNAC verabredet und seht euch nun einige Bücher an. Da die anderen deutschen Kinder und Jugendlichen kein bzw. kaum Französisch sprechen, übernimmst du die Rolle der Dolmetscherin / des Dolmetschers.

Désolée, je n'ai pas voulu ça!

Manu est en colère. Contre son père qui veut quitter la famille, contre sa mère qui ne peut plus ou ne veut plus aimer cet homme que Manu adore, contre cette jeune femme qui lui prend son papa. Mais sa copine lui dit: «Manu, ne pleure[1] pas, fais quelque chose!» Et Manu fait quelque chose, elle a une stratégie ... mais sa stratégie finit par une catastrophe, elle n'a pas voulu ça ... Une histoire comme on en lit dans la vie!

Amélie: Regardez, il y a beaucoup de livres pour les 12-14 ans, je suis sûre qu'on va trouver quelque chose pour Louna ... Regardez ce livre: «Désolée, je n'ai pas voulu ça!» C'est une histoire intéressante, je trouve.

Verena: Was sagt sie? Was bedeutet der Titel? Wovon handelt das Buch?

Du: ____________________

Verena: Die Story scheint mir sehr deprimierend. Ich fände eine lustige Geschichte besser ...

Du: ____________________

Mehdi: Voilà une histoire drôle, regardez ce livre et lisez la quatrième de couverture[2].

Verena: Das Buchcover sieht witzig aus. Lies mal den Text und sag uns, was für eine Geschichte das ist.

Du: ____________________

Une bande[3] d'enfants habite dans un quartier où il ne se passe jamais rien. C'est ennuyeux! Mais un jour, ces enfants font la connaissance[4] d'un chien. Maintenant, la vie n'est plus comme avant pour les enfants et pour leurs voisins! Parce que c'est un chien qui n'est pas comme les autres: un chien qui fait rire tout le monde, les gens du quartier, mais surtout ses jeunes lecteurs et lectrices!

Rebecca: Das finde ich gut, das sollten wir nehmen!

Verena: Was kostet es denn? Siehst du irgendwo den Preis?

Mehdi: Euh, ... vous voulez savoir combien ça coûte? 14 euros. Nous sommes quatre, alors ça fait 3 euros 50 par personne.

Du: ____________________

Rebecca und Verena: OK, lasst uns das Buch nehmen. Wenn es Louna nicht gefällt oder sie es albern findet, kann sie es immer noch ihrer kleinen Schwester schenken!

Amélie: J'ai compris: vous voulez prendre «Le chien marrant». Je suis d'accord aussi. Allons à la caisse.

---

1 pleurer *weinen;* ***2 la quatrième de couverture*** *die Buch-Rückseite / der Klappentext;* ***3 une bande*** *hier: eine Clique;* ***4 faire la connaissance de qn*** *jds. Bekanntschaft machen*

U 2 KA-Nr.: Name: Datum: Kl./Kurs: L-Krzl.:

Thema der Klassenarbeit: ______________________________

Ecouter: Le deuxième jour au collège

Pendant la récréation, Julie et Marie discutent dans la cour du collège.

A *Ecoute le document et coche la bonne phrase.*

Julie et Marie parlent surtout …	☐ d'un nouvel élève très sympa. ☐ d'un nouveau prof bizarre et d'un garçon de sixième. ☐ du nouveau voisin de Marie, un homme qui a travaillé longtemps en Afrique.

B *Vrai ou faux? Ecoute le document encore une fois et coche la bonne réponse.*

	vrai	faux
1. Julie trouve le nouveau prof d'allemand un peu bizarre.	☐	☐
2. Le nouvel élève est dans la classe de Marie et de Julie.	☐	☐
3. Ce matin, le nouvel élève a aidé un garçon, un élève de sixième.	☐	☐
4. Le garçon a retrouvé son portable dans une poche de sa veste.	☐	☐
5. Julie croit que le nouvel élève s'appelle Damien.	☐	☐
6. Romain habite chez son oncle parce que ses parents sont encore en vacances.	☐	☐
7. Les parents de Romain sont sur la Côte d'Azur.	☐	☐
8. L'oncle de Romain est le voisin de Marie depuis dix ans.	☐	☐
9. Marie a vu Romain pour la première fois au collège, le jour de la rentrée.	☐	☐
10. Cet après-midi, Julie veut acheter un cadeau.	☐	☐
11. Demain, c'est l'anniversaire de son père.	☐	☐
12. Marie ne peut pas venir avec Julie parce qu'elle va passer l'après-midi avec Romain.	☐	☐
13. L'oncle de Romain a invité Marie à venir nager dans sa piscine.	☐	☐
14. Marie ne sait pas nager.	☐	☐
15. Marie a l'impression que Julie est jalouse.	☐	☐

C *Ecoute le document une dernière fois et complète les phrases suivantes.*

1. Le garçon a crié:

«Mon portable ______________________________.»

2. Le nouveau a dit au garçon:

«Ça va ______________________________, tu vas voir.»

3. Les parents de Romain vont ________________ dans deux mois.

4. Au collège, Marie a ________________ Romain à passer chez elle[1] après les __________.

***1 chez elle** bei ihr (zu Hause)*

U 2 KA-Nr.: Name: Datum: Kl./Kurs: L-Krzl.:

Lire: La statuette africaine

Manon et ses parents ont déménagé à Paris il y a quelques semaines.

A *Voici le texte que Manon a écrit dans son journal.*
Lis le texte et coche la phrase qui correspond au texte.

Il y a deux mois, on habitait encore à Pierrelatte, une petite ville dans le département de la Drôme, dans le sud de la France, loin de Paris. Mon père était le directeur du bureau de poste à Pierrelatte.

Un soir, il est rentré et a dit à ma mère et à moi: «Sandra, Manon, vous pouvez me féliciter Je vais devenir directeur d'un bureau de poste dans le centre[1] de Paris. Vous imaginez? Paris! La capitale! On va déménager dans un mois.»

Moi, j'étais au bord des larmes. Paris? Toute ma vie se déroulait ici, à Pierrelatte. Tous mes amis étaient ici. A Paris, je ne connaissais personne. Vraiment personne.

Maintenant, on habite à Paris depuis un mois déjà. Paris, ce n'est pas mal, mais au collège, c'est l'enfer. Mes camarades de classe me détestent. Et avec l'histoire d'aujourd'hui, ça ne va pas s'arranger, c'est clair.

En cours d'arts plastiques, Christelle a fait un exposé sur l'art africain. Elle nous a montré une statuette de son père. Il l'a achetée en Côte d'Ivoire. La statuette était très jolie – une femme avec son enfant – et Christelle nous a dit qu'elle était très chère. Elle était en bois d'ébène[2].

Après l'exposé, la prof nous a dit de dessiner la statuette et elle l'a posée sur sa table.

Pendant la récréation, je suis retournée dans la salle de classe pour aller chercher ma veste. La salle n'était pas fermée. Et la statuette était encore sur la table de Mme Girard. Comme elle me plaisait beaucoup, je voulais la regarder de près. J'ai caressé ce bois noir qui était tout lisse[3]. Tout à coup, j'ai entendu quelqu'un dehors. J'ai eu peur. La statuette est tombée par terre[4]. La catastrophe: elle était cassée en deux[5]. Que faire maintenant? Il a sonné, c'était la fin de la récré. Où cacher la statuette?

Il fallait trouver une solution – vite! L'armoire au fond de la salle de classe!

Je n'ai plus hésité une seconde, j'ai pris les deux parties de la statuette et je les ai mises dans l'armoire.

Lorsque Mme Girard est entrée, elle a tout de suite vu que la statuette de Christelle n'était plus sur sa table.

«Christelle, est-ce que tu as repris ta statuette?»

«Non, madame, pourquoi?»

«Elle a disparu.»

Christelle est devenue toute pâle. Puis, Mme Girard nous a regardés et a dit:

«Quelqu'un a caché la statuette de Christelle? Personne[6]? Ecoutez, c'est une très mauvaise blague.»

Elle a attendu quelques secondes, mais personne n'a bougé.

«Bon, vous restez donc où vous êtes et vous ouvrez vos sacs, s'il vous plaît.»

Mme Girard a fouillé tous les sacs. Elle n'a rien trouvé, bien sûr. Puis, quand Christelle est allée vers l'armoire, j'ai retenu mon souffle[7].

«Ma statuette, cassée en deux!» Je l'ai sentie au bord des larmes.

Mme Girard a commencé à crier:

«Qui a fait ça? Toujours personne? Ecoutez, dites-moi la vérité. Sinon, je vais informer le principal demain.»

Manon est dans une situation difficile parce que / qu' …

elle n'aime pas sa prof, Mme Girard.	ses camarades ne l'aiment pas.	elle a fait quelque chose de bête.
☐	☐	☐

***1 un centre** ein Zentrum; **2 en bois d'ébène (le bois)** aus Ebenholz (das Holz); **3 lisse** glatt; **4 par terre** auf den Boden; **5 cassé(e) en deux** auseinandergebrochen; **6 personne (ne)** niemand; **7 retenir son souffle** den Atem anhalten*

B *Lis le texte encore une fois. Vrai ou faux? Coche.*
Justifie ta réponse: note la ligne / les lignes dans le tableau.

	vrai	faux	ligne(s)
1. Depuis un mois, le père de Manon est directeur d'un bureau de poste à Pierrelatte.	☐	☐	
2. La mère de Manon s'appelle Sandra.	☐	☐	
3. Le père de Manon ne veut pas quitter la province.	☐	☐	
4. Manon aime bien Paris.	☐	☐	
5. En cours d'arts plastiques, une fille montre une statuette africaine à ses camarades.	☐	☐	
6. Son père a acheté la statuette en Côte d'Ivoire.	☐	☐	
7. La statuette montre une petite famille.	☐	☐	
8. Après l'exposé, les élèves dessinent la statuette.	☐	☐	
9. Manon retourne en salle de classe pour aller chercher son argent.	☐	☐	
10. Elle casse la statuette pendant la récréation.	☐	☐	
11. D'abord, Mme Girard et Christelle cherchent dans les sacs des élèves.	☐	☐	
12. Enfin, Christelle retrouve la statuette dans l'armoire qui est au fond de la salle de classe.	☐	☐	
13. A la fin, Mme Girard dit qu'elle veut tout de suite informer le principal.	☐	☐	

C *Lis le texte une dernière fois, puis retrouve les phrases.*
(Lies den Text ein letztes Mal und finde dann die Satzteile, die zusammenpassen.)

1. Manon n'aime pas son nouveau collège
2. Christelle explique aux autres
3. Après l'exposé, Mme Girard
4. Après la récré, Mme Girard voit
5. D'abord, Mme Girard pense
6. Quand Christelle a enfin trouvé sa statuette,

a elle est devenue très triste.
b lorsqu'elle parle de la statuette.
c que la statuette a disparu.
d que c'est une blague.
e que la statuette coûte très cher.
f qu'elle devient très triste.
g parce que les autres ne l'aiment pas.
h pose la statuette sur sa table.

1. ______
2. ______
3. ______
4. ______
5. ______
6. ______

Ecrire: Au voleur![1] Au voleur!

Musée d'Art Contemporain de Montélimar

Avec sa classe, James a fait une excursion à Montélimar au Musée d'Art Contemporain. Quelques jours après, il écrit un courriel à un copain à Paris et lui raconte ce qui s'est passé. (James hat mit seiner Klasse einen Ausflug nach Montélimar ins Museum zeitgenössischer Kunst gemacht. Einige Tage später schreibt er eine E-Mail an einen seiner Freunde in Paris und erzählt ihm, was passiert ist.)

Prends le rôle de James. Regarde les images et écris une histoire de 120-150 mots.

1

2

3

4

1 ***Au voleur!*** *Haltet den Dieb!*

Klettbuch 622109 Découvertes 3, Série jaune, Sesam © Ernst Klett Verlag Stuttgart 2014

Médiation: Geheimnisvolles Verschwinden in Aichach

Dein französischer Freund ist bei euch zu Besuch. In eurer Tageszeitung hat er diesen Artikel gefunden. Er hat nicht viel verstanden und möchte nun von dir wissen, was es mit dem jungen Mann auf sich hat, der in Aichach verschwunden ist. Du erklärst es ihm (auf Französisch natürlich!).
Dass „die Polizei“ im Französischen „la police“ heißt, kannst du dir ja denken.

Geheimnisvolles Verschwinden in Aichach

Vorgestern verschwand in Aichach ein junger Mann (24) unter bisher ungeklärten Umständen aus dem Haus seiner Eltern in der Gartenstraße. Die Eltern sind zurzeit für einige Wochen verreist. Die Nachbarn sagten gegenüber der Polizei aus. Demnach hörten sie letzten Dienstag gegen Mitternacht im Garten des Hauses seltsame Geräusche. Dann war es wieder still. Da sie sich nicht ganz sicher waren, riefen sie jedoch nicht die Polizei. Am nächsten Tag fanden sie den Hund der Familie, einen reinrassigen deutschen Schäferhund, ganz hungrig in ihrem Garten. Als sie ihn zurückbringen wollten und niemand aufmachte, kam ihnen die Sache merkwürdig vor und sie hinterließen einen Zettel. Da am Abend immer noch niemand den Hund abgeholt hatte, informierten sie schließlich doch die Polizei. Die Beamten durchsuchten das Haus, doch von dem jungen Mann fehlte jede Spur. In seinem Zimmer fand man eine große Geldsumme. Seine Eltern wurden informiert und befinden sich auf dem Rückflug von Mallorca. Zurzeit befragt die Polizei noch die Nachbarn und die Freunde des jungen Mannes. Bisher konnte sie aber nichts in Erfahrung bringen, was sein plötzliches Verschwinden erklären könnte. Die Suche wird fortgesetzt. Den Hund der Familie haben Nachbarn bis zur Rückkehr der Eltern bei sich aufgenommen.

Wer hat diesen Mann gesehen?

Thema der Klassenarbeit: ______________________________

Ecouter: La journée d'orientation

Aujourd'hui, la prof de la 4e B ne fait pas son cours de français comme d'habitude. Elle veut parler avec ses élèves.

A *Ecoute le document deux fois et coche la bonne réponse.*

1. Pendant la journée d'orientation, les élèves
- a) ont cours le matin. ☐
- b) ont cours l'après-midi. ☐
- c) n'ont pas cours. ☐

2. Les parents des élèves
- a) sont aussi invités. ☐
- b) ne sont informés que par une lettre. ☐
- c) peuvent parler avec les profs pour s'informer. ☐

3. Comment se déroule la journée?
- a) Au début, il y a la présentation des invités. ☐
- b) Pendant les ateliers, il y a la présentation des invités. ☐
- c) Après les ateliers, tout le monde se retrouve au CDI. ☐

4. Sarah rêve d'être
- a) présentatrice à la télé plus tard. ☐
- b) actrice de théâtre plus tard. ☐
- c) chanteuse plus tard. ☐

5. Romain croit qu'il peut
- a) faire un travail intéressant et gagner beaucoup d'argent. ☐
- b) travailler peu, même pour peu d'argent. ☐
- c) travailler peu et gagner beaucoup. ☐

6. Romain dit que tous les élèves
- a) aiment le métier de prof. ☐
- b) connaissent le métier de prof. ☐
- c) veulent devenir profs plus tard. ☐

Maintenant, coche toutes les réponses ***qui sont vraies.***

Pour la journée d'orientation au collège, on peut parler avec des gens qui travaillent ...

1. dans l'agriculture. ☐
2. sur un bateau. ☐
3. dans l'industrie. ☐
4. dans le commerce. ☐
5. à la télé. ☐

On peut rencontrer par exemple ...

6. un chanteur. ☐
7. un mécanicien. ☐
8. un avocat. ☐
9. un conseiller d'orientation[1]. ☐
10. une femme policier. ☐
11. une coiffeuse. ☐
12. une infirmière. ☐

---

[1] ***un conseiller d'orientation*** *ein (schulinterner) Berater für die berufliche Orientierung*

B *Qu'est-ce que tu as entendu? Ecoute bien le document encore une fois, puis choisis la phrase correcte et coche-la.*

1. Il y a dix invités.	☐	Il y a six invités.	☐
2. Vous devez choisir votre atelier maintenant.	☐	Vous devez choisir votre atelier avant.	☐
3. On a invité un pompier.	☐	On a invité un policier.	☐
4. Le commerce commence à neuf heures.	☐	Cela commence à neuf heures.	☐
5. Ce sont des gens qui aiment ce qu'ils font.	☐	Ce sont des jeunes qui aiment ce qu'ils font.	☐
6. Au CDI, il y a un classeur plein d'informations.	☐	Au CDI, il y a une clé USB pleine d'informations.	☐

C *De quel(s) autre(s) métier(s) est-ce que la prof parle encore? Coche-le / Coche-les.*
(Von welchem anderen Beruf / Von welchen anderen Berufen spricht die Lehrerin auch noch? Kreuze ihn an / Kreuze sie an.)

1. une vétérinaire	☐	**4.** un coureur automobile	☐
2. une journaliste	☐	**5.** un artiste	☐
3. une femme pompier	☐	**6.** un cuisinier	☐

Lire: J'adore ...

Un club de jeunes auteurs a demandé à des élèves d'écrire des textes sous le titre: «J'adore ...».
Voici le texte qu'un élève de 12 ans a envoyé.

A *Lis le texte et coche* ***les images*** *qui correspondent au texte.*
(Lies den Text und kreuze die ***Bilder*** *an, die dazu passen.)*

En semaine, c'est le stress chez nous. A six heures, plusieurs réveils sonnent dans les chambres et toute la famille commence à se lever. Mes frères et sœurs et moi, nous nous lavons et nous nous disputons dans la salle de bains, puis nous nous habillons. Vite, vite ... Toute la famille se retrouve dans la cuisine où les parents ont déjà préparé le petit déjeuner.
Maman dit: – Tu t'occupes des courses, s'il te plaît? N'oubliez pas vos affaires de sport.
Chéri, tu achètes le pain ce soir?
Papa n'écoute pas vraiment, il doit se dépêcher, sinon il rate son bus. Déjà au début de la journée, il se sent fatigué et stressé. Mon petit frère n'est pas prêt, mais il doit aller à l'école, son copain sonne déjà à la porte d'entrée ...
Mais le dimanche matin, ce n'est pas comme les autres jours. Le dimanche, on peut dormir. Les gens aiment dormir le dimanche. Mais moi, je me réveille tôt, comme d'habitude: à six heures. C'est bizarre, je n'ai plus envie de rester au lit. Je me lève et je m'habille sans faire de bruit. La maison est calme[1], on n'entend rien, les autres dorment encore. C'est bien d'être seul dans la maison.
Je descends dans la cuisine, je mets la table, je mets la machine à café en marche[2]. Je n'aime pas le café, je prends du jus d'orange, mais j'adore l'odeur[3] du café le dimanche matin. Et puis, tout doucement[4] j'ouvre le petit tiroir[5] où maman cache toujours un peu d'argent. Oui, il y a quelques pièces de monnaie[6] et un billet[7] de dix euros. Je prends la clé et je sors. Il fait encore froid, mais ce n'est pas loin. J'entre dans la boulangerie. Ça sent le pain frais. Il n'y a pas d'autres clients dans la boulangerie. J'aime être le premier client. La boulangère est très sympa. Elle me dit:
– Ah, petit homme, c'est sympa de venir chercher des croissants pour la famille. Tu en veux combien?
Je prends deux croissants par personne. Ils sont bons ...
Je prends un croissant et je le mange tout de suite. Et j'imagine les autres quand ils vont descendre dans la cuisine, ils vont être surpris. Et très contents. Ils vont dire:
– Tu t'es déjà levé? Et tu as préparé le café! Et tu as acheté des croissants ...
J'adore me lever tôt le dimanche matin.

1

☐

2

☐

3

☐

4

☐

---

1 calme *ruhig / still;* ***2 mettre qc en marche*** *etw. anschalten;* ***3 l'odeur*** *(f.) der Geruch;* ***4 doucement*** *leise;* ***5 un tiroir*** *eine Schublade;* ***6 des pièces*** *(f.)* ***de monnaie*** *Kleingeld;* ***7 un billet (de banque)*** *ein Geldschein*

B *Lis le texte encore une fois. Vrai ou faux? Coche.*
Justifie ta réponse: note la ligne / les lignes dans le tableau.
Ensuite, réponds à la question 15.

	vrai	faux	ligne(s)
1. Dans cette famille, tous les matins, c'est le stress, même le week-end.	☐	☐	
2. En semaine, toute la famille se réveille à six heures.	☐	☐	
3. Les enfants ne se dépêchent pas, ils discutent dans la salle de bains.	☐	☐	
4. D'habitude, la mère prépare le petit déjeuner.	☐	☐	
5. Le soir, au retour du travail, la mère va faire les courses.	☐	☐	
6. Le père prend le métro pour aller à son travail.	☐	☐	
7. Un copain du petit frère arrive. Ils vont à l'école ensemble.	☐	☐	
8. Le dimanche matin, la famille dort, mais une personne se lève tôt.	☐	☐	
9. Dans la maison, on entend les bruits de la rue: des voitures, des gens qui crient.	☐	☐	
10. L'enfant boit du jus d'orange parce qu'il n'aime pas l'odeur du café.	☐	☐	
11. Quand l'enfant arrive à la boulangerie, il y a deux autres clients.	☐	☐	
12. L'enfant trouve que la boulangère est moins sympa que[1] les autres jours.	☐	☐	
13. L'enfant mange tout de suite un croissant.	☐	☐	
14. L'enfant pense que la famille va être contente du petit déjeuner.	☐	☐	

15. L'enfant qui a écrit ce texte, est-ce que c'est un garçon ou une fille?

____

Justifie ta réponse avec une ou deux citations du texte.
(Begründe deine Antwort, indem du ein oder zwei Textstellen angibst.)

____

____

____

____

***1 moins sympa que …** weniger nett als …*

U 3 KA-Nr.: Name: Datum: Kl./Kurs: L-Krzl.:

Ecrire: Une journée chez nous

Pauline Arnault va bientôt avoir la visite de sa cousine Laure qui va passer une semaine à la maison. Pauline veut raconter à Laure comment se passe une journée chez eux[1].

Regarde les activités quotidiennes[2] d'une journée de travail chez les Arnault. Prends le rôle de Pauline et décris-les dans un texte d'environ 150 mots.

1

2

3

4

5

6

7

8

9

10

11

12

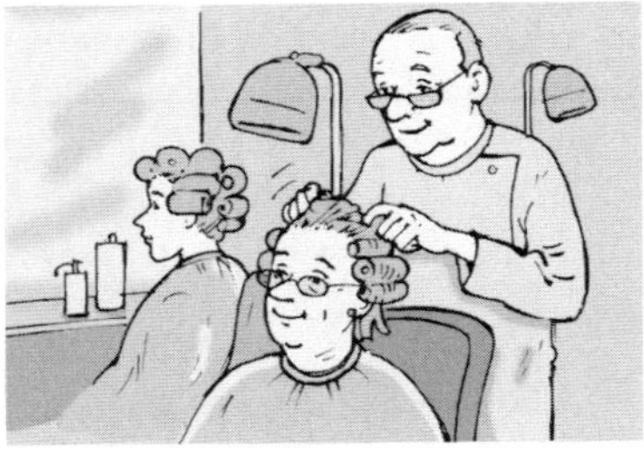

13

14

15

***1 chez eux** bei ihnen; **2 quotidien, quotidienne** täglich*

Médiation: Un blog-vet

Deine französische Austauschpartnerin Julie macht gerade ein Praktikum bei einem Tierarzt und schreibt in ihrem Blog darüber. Deiner deutschen Freundin Katharina, die gerade bei dir ist und die sich sehr für das Thema interessiert, aber kein Französisch versteht, zeigst du die Blogeinträge und gibst ihr in groben Zügen den Inhalt auf Deutsch wieder.
Du hast dir davor ein paar Wörter aus der Wörterbuch-App deines Handys notiert, die du auch noch nicht wusstest.

tenir *halten*
calmer *beruhigen*
une vaccination *eine Impfung*
le sang *das Blut*
une ferme *ein Bauernhof*
une vache *eine Kuh*
un estomac *ein Magen*

Dimanche 6 oct, 19h20

Bienvenue sur mon blog!
Je suis Julie, j'ai 14 ans et j'habite à Angoulême. (Je ne mets pas de photo pour des raisons de sécurité, vous comprenez.)
J'ai installé ce blog pour vous parler du stage que je vais faire chez un vétérinaire. C'est un ami de mon père qui a accepté que je travaille dans sa clinique vétérinaire pendant deux semaines. Il s'appelle Bernard. Moi, j'adore les animaux et plus tard, je veux devenir vétérinaire aussi. Demain matin, je vais donc commencer mon stage, je suis déjà un peu nerveuse …
Demain, je vais vous raconter ma première journée!
Julie

Lundi 7 oct, 18h58

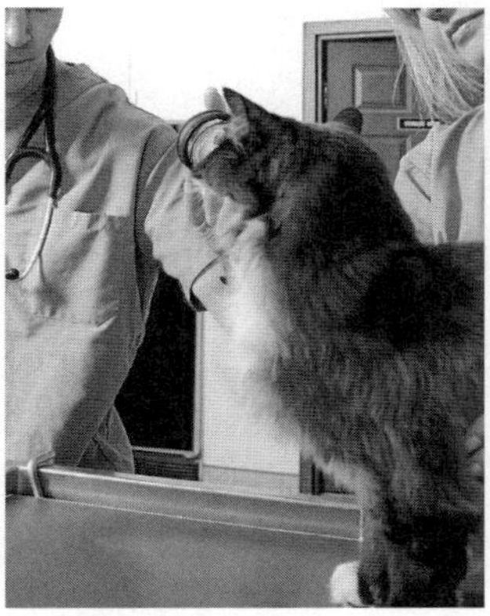

Mon stage est super! Mais je vous dis que travailler, ce n'est pas comme au collège, je suis fa-ti-guée!
J'ai vu beaucoup d'animaux aujourd'hui, et j'ai déjà essayé d'aider mon «chef», par exemple tenir et calmer un animal qui ne doit pas bouger, chercher des instruments, etc. Alors, je vais vous parler de nos «patients»: ce matin, une jeune fille est venue avec son petit chat noir et blanc, pour une vaccination. La jeune fille et moi avons caressé le petit chat et Bernard a très vite fait la vaccination, sans lui faire mal, ouf!
L'après-midi, on est allés à Blanzac, chez les propriétaires d'un cheval qui a un problème à la jambe. Bernard l'a regardée, il a pris un peu de sang pour en faire une analyse, puis il a donné un médicament aux propriétaires pour le cheval. On va revenir le voir dans deux jours.
Après, on est allés à une ferme qui n'est pas loin de Blanzac.
Là, il y a une vache qui mange mal et ne donne plus de lait. Cette vache a vraiment l'air malade, mais quel est son problème? Bernard m'a expliqué, mais je n'ai pas très bien compris cette histoire de plusieurs estomacs chez les vaches.
Bon, c'est tout pour aujourd'hui, je vous laisse. A demain, si vous voulez.

Mardi 8 oct, 20h12

Me revoilà sur mon ***blog-vet.*** La journée a mal commencé: une dame est venue avec son chien très vieux et très malade. C'est sûr que le chien ne va pas rester en vie. C'est triste parce que la dame n'a pas de famille, elle n'a que son chien. Quand Bernard lui a expliqué la situation du chien, elle a eu des larmes aux yeux.
Plus tard, on a beaucoup rigolé: un jeune monsieur est venu avec son perroquet. Croyez-moi, le perroquet répète tout ce qu'il entend. On a beaucoup ri!
Demain, je ne travaille pas. Tous les élèves vont se retrouver au collège pour parler de leurs stages avec les profs. Je vais continuer mon blog jeudi soir.
A bientôt!
Julie

Clément, jeune pâtissier

© Onisep 2013

«Onisep» est un site web où les jeunes trouvent toutes les informations sur les métiers, par exemple sur Clément qui est pâtissier.

A *Lis ce que tu dois faire. Puis, regarde la vidéo et coche les bonnes réponses.*

Dans cette vidéo, Clément fabrique:

des gaufres ☐

un gâteau au chocolat ☐

du chocolat ☐

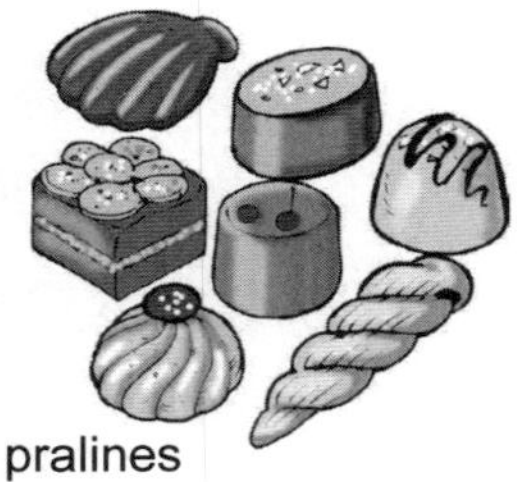

des pralines ☐

des crêpes au chocolat ☐

des macarons ☐

Pendant qu'il travaille, Clément parle …

1. de sa formation. ☐
2. de ses clients. ☐
3. de ce qui est important dans son métier. ☐
4. de ce qui est important dans un gâteau. ☐
5. de ce qui est important dans la décoration du magasin. ☐
6. des personnes qui travaillent avec lui. ☐

«**Pâtissier**» © Onisep – Midi Libre 2009

B *Regarde la vidéo encore une fois. Puis, coche les bonnes réponses. Les images qui désignent (zeigen) les saveurs (**Geschmacksrichtungen**) et la texture (**Beschaffenheit**) vont t'aider.*

sucré(e)

salé(e)

acide

fondant(e)

craquant(e)

moelleux, moelleuse

1. Au début, Clément était déjà pâtissier, mais pour fonder son entreprise, il a dû faire une formation de boulanger. vrai ☐ faux ☐

2. Il est parti pendant un an pour avoir une meilleure formation. vrai ☐ faux ☐

3. Clément aime être pâtissier, mais il n'aime pas faire la cuisine. vrai ☐ faux ☐

4. En pâtisserie, Clément aime
- ☐ travailler avec tout ce qui est sucré.
- ☐ travailler avec des choses acides.
- ☐ mélanger le sucré et le salé.
- ☐ mélanger le sucré et l'acide.

5. Pour lui, la pâtisserie est
- ☐ un métier peu créatif.
- ☐ un travail qu'il faut aimer tout le temps.
- ☐ un art qui ne s'arrête jamais.

6. Clément goûte ce qu'il a fabriqué:
- ☐ il manque encore quelque chose de fondant.
- ☐ il manque encore quelque chose de craquant.
- ☐ il manque encore quelque chose de moelleux.
- ☐ il manque encore quelque chose de salé.

7. Clément
- ☐ ne travaille jamais la nuit.
- ☐ travaille parfois la nuit.
- ☐ travaille souvent la nuit.

C *Réponds à la question.*

La personne qu'on voit dans la pâtisserie à la fin de la vidéo, qu'est-ce qu'elle fait?

____

D *Maintenant, coche les pâtisseries que tu as vues dans la vidéo.*

des macarons ☐

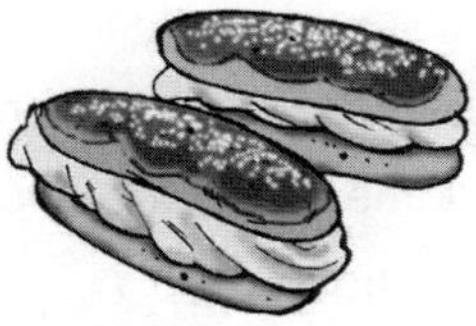
des éclairs ☐

une religieuse ☐

une tartelette au citron ☐

des canelés ☐

un baba au rhum ☐

une charlotte aux fraises ☐

un mini-clafoutis ☐

une tarte aux pommes ☐

Thema der Klassenarbeit: ______________________________

Ecouter: Dans le car

Claire et Loïc viennent de passer 10 jours chez leurs correspondants à Kempten, une ville dans le sud de l'Allemagne, en Bavière[1]. Aujourd'hui, ils rentrent en France. Dans le car, ils discutent.

A *De quoi est-ce que Claire et Loïc parlent surtout? Ecoute le document et coche les bonnes phrases. (Attention: 3 réponses sont correctes.)*

Ils parlent **surtout** …

1. des spécialités allemandes. ☐
2. de l'école en Allemagne. ☐
3. de leurs familles. ☐
4. des endroits qu'ils ont visités. ☐
5. des familles de leurs correspondants. ☐
6. des prochaines vacances. ☐

le château de Neuschwanstein

B *Vrai ou faux? Ecoute le document encore une fois et coche la bonne réponse.*

	vrai	faux
1. Le correspondant de Loïc s'appelle Markus Brunner.	☐	☐
2. Loïc a une petite sœur, Theresa.	☐	☐
3. Les sœurs de son correspondant ont quatre et sept ans.	☐	☐
4. Le château de *Neuschwanstein* se trouve à presque deux heures de Kempten.	☐	☐
5. Loïc a fait la visite du château en français.	☐	☐
6. Claire était très malheureuse parce qu'elle n'aimait pas la famille de sa correspondante, les Schall.	☐	☐
7. La famille Schall va passer une semaine chez Claire pendant les vacances.	☐	☐
8. La mère du correspondant allemand a préparé une spécialité de la région pour Loïc.	☐	☐
9. Claire n'a pas aimé la spécialité allemande que Mme Schall a faite pour elle.	☐	☐
10. Claire et Loïc seront à la maison dans environ une heure.	☐	☐
11. Pour ses parents, Loïc a acheté un livre sur *Neuschwanstein* en allemand.	☐	☐
12. Le cadeau de Claire pour ses parents, c'est un livre de cuisine.	☐	☐

C *Complète les phrases suivantes.*

1. Loïc trouve les sœurs de son correspondant ______________________ et plus ______________________ que sa sœur.

2. A son avis, la visite de ce château était encore plus ______________________ que la visite du château de Chambord.

3. Loïc demande à Claire: «Tu as ______________ des spécialités allemandes?

4. Pendant que les jeunes parlent, il se met à ______________________.

---

*1 **en Bavière** in Bayern*

Lire: Une visite du château de Chambord

Pendant les vacances de la Pentecôte, Hannah et ses parents veulent visiter les châteaux de la Loire. Quand Hannah prépare la visite, elle trouve ces informations sur le site Internet du château de Chambord.

A *Lis le texte.*

Le château de Chambord

Chambord est le plus grand, le plus connu et le plus fascinant des châteaux de la Loire. C'est aussi le monument le plus visité de toute la région.

Petite histoire du château

Le roi de France François Ier fait construire[1] le château de Chambord. Les travaux commencent en 1519 et finissent en 1547. Pour construire son château, François Ier choisit le meilleur artiste[2] de son temps: l'Italien Léonard de Vinci*. Il fait les dessins du futur château et invente aussi le célèbre escalier où les personnes qui descendent et les personnes qui montent ne se rencontrent pas.

l'escalier de Léonard de Vinci

Une visite «à la carte»

- **Visite libre**
  Escaliers, couloirs, terrasses, grandes salles et petites galeries – Chambord vous offre beaucoup d'endroits que vous allez adorer. Pour vous présenter l'histoire et l'architecture incroyable de ce beau château, on vous montre un film de 18 minutes dans une des salles près de l'entrée. Prenez votre temps et faites une longue promenade dans le château et dans le parc. L'entrée au château coûte 11 € pour les adultes de plus de 26 ans. Les enfants et les jeunes jusqu'à 26 ans sont gratuits.
- **Visite avec un audioguide** (environ 1 h 30)
  Avec la visite audioguidée, vous pouvez visiter le château à votre rythme et choisir les commentaires que vous voulez écouter. Nous proposons ces visites en dix langues (français, anglais, allemand, italien, néerlandais, espagnol, portugais, chinois, japonais, russe). Il y a aussi des audioguides pour les enfants en sept langues. La visite avec un audioguide coûte 5 € pour les adultes et 2,50 € pour les enfants.
- **Visites avec un guide** (1 heure ou 2 heures)
  Vous partez avec un guide à la découverte des endroits les plus intéressants du monument. Pendant la visite de 2 heures, le guide vous montrera aussi des salles qui sont normalement fermées à la visite. La visite longue coûte 7 € pour les adultes et 5 € pour les jeunes de 6 à 17 ans. La visite courte coûte 5 € pour les adultes et 3 € pour les jeunes de 6 à 17 ans.
- **Visite guidée pour les enfants** (environ 1 h 30)
  Pour une visite amusante dans une ambiance authentique, les enfants de 5 à 11 ans vont à la rencontre d'un personnage du passé qui leur raconte les grandes heures de l'histoire du château. Tous les mercredis, les week-ends et pendant les vacances scolaires. Cette visite coûte 3 € par enfant.

***1 faire construire qc** etw. (er)bauen lassen;* ***2 un(e) artiste** ein(e) Künstler(in*
** Léonard de Vinci = Leonardo da Vinci*

Vrai ou faux? Coche. Justifie ta réponse: note la ligne / les lignes dans le tableau.

	vrai	faux	ligne(s)
1. Le château de Chambord est le monument préféré des touristes dans toute la région.	☐	☐	
2. Léonard de Vinci a eu l'idée pour le château de Chambord.	☐	☐	
3. Léonard de Vinci a imaginé un escalier où les gens qui descendent ne rencontrent pas les gens qui montent.	☐	☐	
4. Avant la visite du château, vous devez regarder un film de 18 minutes.	☐	☐	
5. On a aussi le droit de visiter le parc du château.	☐	☐	
6. Si vous avez moins de 26 ans, vous ne payez rien pour l'entrée au château.	☐	☐	
7. On propose les visites audioguidées pour les adultes en plus de langues que les visites audioguidées pour les enfants.	☐	☐	
8. Quand on fait la visite d'une heure avec un guide, on peut visiter aussi des endroits qu'on ne montre pas aux touristes normalement.	☐	☐	
9. Pour un jeune de 15 ans, la visite de 2 heures avec un guide coûte 5 €.	☐	☐	
10. Le château propose la visite guidée pour les enfants tous les jours.	☐	☐	

B *Lis le texte encore une fois, puis retrouve les phrases qui correspondent* ***au texte****.*
(Lies den Text noch einmal und finde dann die Satzteile, die ***gemäß des Textes*** *zusammenpassen.)*

1. De tous les châteaux de la Loire,
2. Il y a aussi un film
3. Pour les adultes,
4. Quand on prend un audioguide,
5. Il y a aussi des personnages
6. La visite avec un guide

a on peut visiter le château comme on veut.
b qui racontent des histoires aux enfants.
c l'entrée au château coûte 11 €.
d coûte entre 3 et 7 €.
e qui vous présente l'histoire de Chambord.
f que Léonard de Vinci a inventé.
g Chambord est le plus grand.
h on peut aussi visiter le parc.

1. __________ **2.** __________ **3.** __________ **4.** __________ **5.** __________ **6.** __________

Ecrire: Des vacances à Prien

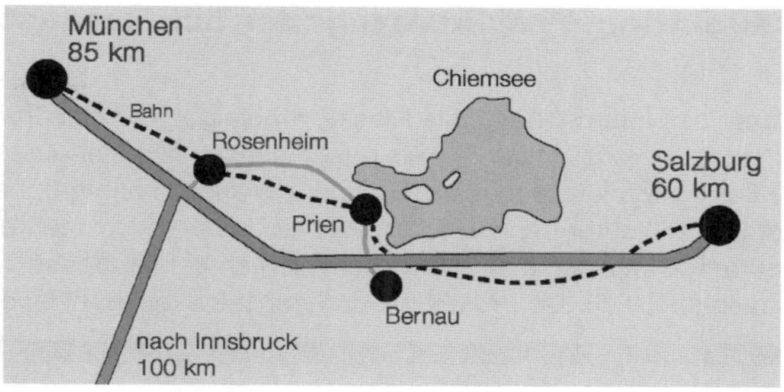

Imagine: dans quelques semaines, les vacances d'été commenceront. Ta famille et toi, vous passez toujours deux semaines à Prien, au bord du lac de Chiem. Cette année, ton correspondant français Nathan / ta correspondante française Lola et sa famille viendront aussi à Prien pour y[1] passer une semaine avec vous.

Dans un courriel d'environ 150 mots, tu lui parles de ce que vous ferez ensemble.
Dans ton dictionnaire, tu as cherché le mot «ein See» en français, c'est «un lac».
Pour te donner des idées, regarde les photos.

der Chiemsee
le lac de Chiem

das Neue Schloss Herrenchiemsee
le château de Herrenchiemsee

Salzburg (Österreich)
Salzbourg (Autriche)

PRIENAVERA
DAS ERLEBNISBAD AM BAYERISCHEN MEER

Prienavera

1 ***y*** *dort*

Médiation: Projektbezogener Schüleraustausch

Über das Internet hat deine Klasse vor einiger Zeit eine französische Partnerklasse gefunden. Ihr habt bereits einige E-Mails ausgetauscht. Nun hat eure Lehrkraft folgende Informationen zu einem projektbezogenen Schüleraustausch im Internet entdeckt und euch vorgeschlagen, diesen mit eurer französischen Partnerklasse durchzuführen. Du hast die Aufgabe übernommen, eurer Partnerklasse eine E-Mail im Namen deiner Klasse zu schreiben.
Darin stellst du das Projekt vor und fragst sie, ob ihr nicht gemeinsam daran teilnehmen wollt.

Mozilla Firefox
Datei Bearbeiten Ansicht Chronik Lesezeichen Extras Hilfe

„Das ist unser Leben!" – «C'est notre vie!»
ein deutsch-französisches Projekt für euren Schüleraustausch

Jeden Tag Kirchen, Schlösser und andere Denkmäler besichtigen – so stellt ihr euch euren Schüleraustausch nicht vor? Ihr wollt gemeinsam über Themen diskutieren, die euch betreffen und die euch am Herzen liegen? Ihr möchtet mehr über das Leben eurer Austauschpartner erfahren, gemeinsam etwas Sinnvolles unternehmen und vielleicht sogar einen Preis gewinnen?

Dann nehmt am Projekt „Das ist unser Leben!" teil!

Die Voraussetzung ist, dass ihr bereits eine französische Partnerklasse gefunden habt. Verfasst gemeinsam mit euren Austauschpartnern eigene Artikel zum Thema dieses Projektes und schickt sie uns. Die besten Artikel werden veröffentlicht und erhalten einen Preis.

Organisatorisches

Mit eurer Partnerklasse solltet ihr Folgendes absprechen:
- **Thema:** Schule, Freizeitaktivitäten, Sport etc.
  Über welchen Bereich eures Lebens würdet ihr gerne schreiben?
- **Zeitpunkt und Ort der Begegnung:** Wann und wo wollt ihr euch treffen, um das Projekt gemeinsam durchzuführen? Wenn ihr Lust habt, könnt ihr euch auch an einem Ort in der Mitte zwischen euren beiden Städten treffen.

Wenn das alles geklärt ist, könnt ihr und eure französische Partnerklasse zunächst getrennt beginnen, das Projekt vorzubereiten. Natürlich dürfen euch eure Lehrer helfen. Sie beraten euch beim Schreiben und laden vielleicht einen Redakteur in eure Klasse ein, der euch erklärt, wie man einen Zeitungsartikel schreibt.

Durchführung des Projekts

Bei eurem Treffen arbeitet ihr in gemischten Gruppen, recherchiert und macht gemeinsam Interviews zu eurem Thema. Auch Fotos sollten nicht fehlen. Jede Gruppe verfasst einen Artikel auf Deutsch und / oder Französisch, der von allen Verfassern unterzeichnet wird. Danach sucht ihr die drei besten Artikel aus und schickt sie zusammen mit den ausgewählten Fotos vorab als PDF bis zum 31.07. an folgende E-Mailadresse(n):

BERLIN-PARIS
Deutsch- / französischsprachige Zeitung Europas
Schüler-Wettbewerb „C'est notre vie!"
berlin@berlinparisjournal.de
paris@berlinparisjournal.fr

Es erfolgt eine Vorauswahl durch das Redaktionsteam.
Ab 01.09. erhaltet ihr Bescheid, welche Klassen in die Finalrunde kommen.
Die besten Artikel werden veröffentlicht und die teilnehmenden Klassen erhalten einen Preis.
1. Preis: eine 3-tägige Klassenfahrt nach Brüssel,
2. Preis: ein eintägiger Ausflug nach Straßburg,
3.–5. Preis: je ein Comic-Paket für eure Klasse.

Parler KA-Nr.: Name: Datum: Kl./Kurs: L-Krzl.:

Mündliche Klassenarbeit / Schulaufgabe

Hinweise: Die mündliche Klassenarbeit dauert ca. 15–18 Minuten und besteht aus drei Teilen: **A, B** und **C**.

Teil A: Dein Lehrer / Deine Lehrerin stellt dir zwei oder drei Fragen zum „Aufwärmen“ *(questions brise-glace)*, die du spontan beantworten sollst.

Teil B: Du spielst den Wahrsager / die Wahrsagerin und sagst einem deiner Partner dem Bild entsprechend die Zukunft voraus. Dabei sprichst du frei *(monologue).*

Teil C: Mit zwei Partnern nimmst du in einer Unterhaltung eine bestimmte Rolle ein *(jeu de rôle).*
Zur Vorbereitung hat jeder 10 Minuten Zeit. Ihr dürft euch bei der Vorbereitung Notizen machen, die ihr während der Klassenarbeit als Gedächtnisstütze verwenden könnt. Denkt jedoch daran, dass ihr möglichst frei und flüssig sprechen sollt.

Partie A: Questions brise-glace — Durée: 1–2 mn

Réponds aux questions de ton / ta professeur(e).

Partie B: Prédire l’avenir (monologue) — Durée: 2 mn

Imagine la situation suivante: tu es un(e) voyant(e) et tu prédis l’avenir à un de tes partenaires. Voilà les images que tu vois dans ta boule de cristal. Décris-les et raconte à ton partenaire comment sera sa vie dans 20 ans. Tu peux aussi inventer et ajouter des détails. (Stell dir folgende Situation vor: Du bist ein(e) Wahrsager(in) und sagst einem deiner Partner die Zukunft voraus. Hier sind die Bilder, die du in deiner Kristallkugel siehst. Beschreibe sie und erzähle ihr / ihm, wie ihr / sein Leben in 20 Jahren sein wird. Du kannst auch weitere Details hinzufügen. Die Schülerin / der Schüler, die / der die Nummer 1 gezogen hat, fängt mit der Nummer 1 an, Schüler(in) 2 macht mit der Nummer 2 weiter usw.)

1

Klettbuch 622109 Découvertes 3, Série jaune, Sesam © Ernst Klett Verlag Stuttgart 2014
Von diesen Vorlagen ist die Vervielfältigung für den eigenen Unterrichtsgebrauch gestattet. Die Kopiergebühren sind abgegolten.

2

3

Partie C: Des problèmes … (jeu de rôle)

Durée: environ 6 mn

Trois copains / copines se rencontrent dans un café, mais l'ambiance n'est pas bonne parce que chacun(e) a un problème différent.

1

Copain / Copine

Ton problème:
Tu vas bientôt déménager dans une autre ville.

2

Copain / Copine

Ton problème:
Tu as un chagrin d'amour.

3

Copain / Copine

Ton problème:
Tu trouves que tes parents sont trop durs avec toi, car tu dois beaucoup aider à la maison.

Chacun(e) raconte son problème et les autres essaient de l'aider à retrouver sa bonne humeur. Ils / Elles donnent des conseils utiles (hilfreiche Ratschläge) au copain / à la copine.

Thema der Klassenarbeit: ______________________

Ecouter: Un exposé pas comme les autres

cultiver le coton

C'est le cours de français de la classe de 8^e^A au Rheinland-gymnasium à Düsseldorf. Les élèves ont travaillé sur le thème de la francophonie et ils ont préparé des exposés sur des pays francophones.

A *De quoi est-ce qu'on parle surtout dans ce cours? Ecoute le document et coche les* ***deux*** *bonnes phrases.*

Dans ce cours, on parle **surtout** …

1. du désert au Burkina Faso. ☐
2. de la langue et de la culture française au Burkina Faso. ☐
3. du caractère des habitants au Burkina Faso. ☐
4. de l'université de Düsseldorf. ☐
5. des problèmes qu'on a au Burkina Faso. ☐
6. de la vie d'une jeune Africaine en Allemagne. ☐

un village au Burkina Faso

B *Ecoute le document encore une fois et coche la bonne réponse. Puis, réponds aux questions.*

1. Anaïs
a) passe une année en Allemagne. ☐
b) a passé une année à Ouagadougou. ☐
c) a passé une année au Québec. ☐

2. La prof dit que le Burkina Faso se trouve
a) dans l'ouest de l'Afrique. ☐
b) dans l'est de l'Afrique. ☐
c) dans le sud de l'Afrique. ☐

3. Les habitants pauvres du Burkina
a) sont souvent tristes. ☐
b) aiment rire, chanter et danser. ☐
c) vont parfois aux festivals. ☐

4. Le climat pose des problèmes à l'agriculture:
a) il pleut trop sur le coton. ☐
b) il n'y a pas assez d'eau pour le coton. ☐
c) il fait trop chaud pour le coton. ☐

5. Aujourd'hui, dans les villages, les gens
a) rêvent d'avoir une télé. ☐
b) rêvent de vivre comme leurs grands-pères. ☐
c) rêvent d'une vie moderne comme à la télé. ☐

6. Beaucoup de familles quittent
a) leur village pour vivre en ville. ☐
b) la ville pour vivre à la campagne. ☐
c) surtout les grandes villes. ☐

7. Quand Anaïs était petite, elle
a) n'aimait pas l'école. ☐
b) était avec beaucoup d'autres dans la classe. ☐
c) était la seule fille dans sa classe. ☐

8. Les élèves vont écouter un autre exposé sur
a) un pays africain. ☐
b) un pays européen. ☐
c) un pays francophone. ☐

9. Pourquoi est-ce que ce n'est pas un cours comme les autres?

____

10. Qu'est-ce qu'Anaïs dit de l'Allemagne? Elle aime la ______________ allemande, mais elle a aussi un peu peur d'avoir ______________.

U 5 KA-Nr.: Name: Datum: Kl./Kurs: L-Krzl.:

Lire: Mon blog de voyage

Aline, 15 ans, habite Paris. Elle fait un blog où elle raconte des histoires de son quartier, le 14e arrondissement. Samedi, 9 août, ses lecteurs sont un peu surpris …

A *Lis le blog, puis coche le bon résumé.*

Samedi 9 août, 21 h 03

Salut à tous! Aujourd'hui, j'ai une surprise pour vous. Vous imaginez que je suis au «Café du coin» comme tous les samedis matins? Eh bien non, je suis loin, même très loin de vous et de notre quartier. Vous ne devinerez pas! Je suis en vacances au Québec avec ma mère et mon frère, à plus de 5 000 kilomètres de Paris! Vous imaginez aussi que j'écris à neuf heures du soir, pendant que vous regardez un film à la télé? Ce n'est pas vrai non plus parce qu'il est 21 heures ici, mais en ce moment, vous êtes déjà au lit, vous dormez et vous rêvez, car à Paris il est 3 heures du matin.
Je fais donc un voyage au Québec, et mon blog voyage avec moi! Je vais vous raconter mon séjour et je suis sûre que ça va être passionnant pour vous. Comme ça, ceux qui ne sont pas partis, qui restent à Paris, participent un peu à mon voyage.
Alors aujourd'hui, c'était une journée fantastique! Nous avons visité la ville de Montréal. J'aime beaucoup l'ambiance dans cette vieille et grande ville, on a l'impression que tout le monde est en fête. Pendant notre promenade dans la ville, maman, qui aime beaucoup le jazz s'est arrêtée sur une place où un groupe de jazz très connu donnait un concert gratuit. Elle ne voulait plus continuer avant la fin de ce concert. Mon frère et moi, nous avons fait un peu de shopping, euh pardon, ici on dit «nous avons magasiné». Vous savez qu'on parle français au Québec, mais c'est un français avec des mots anglais et des mots bizarres, c'est amusant. Et c'est facile à «catcher». (Devinez! Oui, vous avez raison, catcher, c'est comprendre). A midi, nous avons mangé de la poutine, un plat typique du Québec: des frites avec du fromage et une sauce brune. Il faut aimer …

Lundi 11 août, 20 h 18

Une aventure passionnante! Nous avons observé[1] des baleines! Oui, des vraies baleines. J'ai vu beaucoup de films documentaires sur ces grands animaux des océans et depuis longtemps, je rêvais de les voir en réalité. Hier, nous avons pris le bus à Tadoussac. Déjà la route était très belle et on oubliait complètement qu'on devait rester assis dans le bus pendant presque six heures. Et puis, ce matin, nous sommes montés sur un bateau pour aller vers l'endroit où on a une chance de voir les baleines. Le Saint-Laurent est un fleuve, c'est vrai, mais il est tellement large[2] qu'on se croit en pleine mer. Chercher les baleines est une aventure parce qu'on ne les trouve pas tout de suite. Notre guide a manœuvré[3] le bateau à droite et à gauche pendant presqu'une heure, mais rien. Et puis, tout à coup, quelqu'un a crié:«Là, j'en ai vu une, regardez, le panache d'eau[4]!» Tout le monde s'est tourné, et nous avons eu le souffle coupé[5]: des baleines, il y en avait partout, et elles étaient fan-tas-tiques! Moi, j'avais le frisson[6] parce que je les trouvais magiques. Quelle expérience!
Demain: randonnée dans la nature. On aura une journée moins excitante[7], mais on ne sait jamais …
A demain soir!

1	2	3
Aline écrit un blog pour les Français de Paris qui veulent faire un voyage au Québec. Elle parle de la ville de Montréal et des baleines.	Aline parle dans son blog d'un voyage à Montréal qu'elle veut faire un jour. Elle parle de la ville et d'un plat spécial. Et elle rêve d'observer des baleines.	Aline écrit son blog au Québec où elle fait un voyage. Elle est à Montréal. Elle parle de la ville et d'une excursion en bateau pour voir des baleines.

__1 observer qc__ etw. beobachten; __2 large__ breit; __3 manœuvrer__ hier: lenken; __4 un panache d'eau__ Wasserfontäne, die Wale ausstoßen; __5 avoir le souffle coupé__ der Atem stockt; __6 avoir le frisson__ zittern / erschauern; __6 excitant(e)__ hier: aufregend

U 5 KA-Nr.: Name: Datum: Kl./Kurs: L-Krzl.:

B *Lis le texte encore une fois.*
- *Vrai ou faux? Coche. Corrige la phrase si elle est fausse (**1.-6., 10.-12.**),*
- *complète les phrases (**7.-9.**),*
- *réponds à la question (**13.**).*

1. Aline passe le matin du 9 août dans un café. vrai ☐ faux ☐

____

2. Quand il est 9 heures du soir au Québec, il est 3 heures du matin à Paris. vrai ☐ faux ☐

____

3. A Montréal, il y a une fête qui s'appelle «Fête de la vieille ville». vrai ☐ faux ☐

____

4. La mère d'Aline paie cher pour un concert de jazz. vrai ☐ faux ☐

____

5. A Montréal, Aline a fait des achats. vrai ☐ faux ☐

____

6. Aline aime beaucoup la poutine. vrai ☐ faux ☐

____

7. Dans la poutine, il y a ______________, ______________ et de la sauce brune.

8. Le français du Québec ______________________________.

9. Le voyage en bus de Montréal à Tadoussac est __________, mais le ______________ est très beau.

10. Le Saint-Laurent est plein de baleines. vrai ☐ faux ☐

____

11. Le guide connaît les endroits préférés des baleines. vrai ☐ faux ☐

____

12. Un touriste sur le bateau crie parce qu'il découvre une baleine. vrai ☐ faux ☐

____

13. De quel sujet est-ce qu'Aline va parler dans son blog le 12 août?

____

____

Ecrire: Une scène de la vie au Maroc

Voici une photo prise au Maroc.

Décris la photo. Utilise les mots et expressions que tu as appris pour décrire une photo.
Dans ton texte, n'oublie pas de parler des conditions de vie (die Lebensbedingungen) des personnes.
Tu peux utiliser les mots indiqués.
Ecris environ 150 mots.

die Wäsche waschen *faire le linge*
traditionell *traditionnel(le)*
ein Lehmhaus *une maison en torchis*

Médiation: Les Jeux de la Francophonie

Im Französischunterricht arbeitet eure Klasse gerade über das Thema „Francophonie". Du hast ein wenig darüber recherchiert und dabei zufällig diese Seite gefunden. Als du sie dir näher ansiehst, kommt deine ältere Schwester hinzu, die wissen möchte, worum es geht. Da sie kein Französisch versteht, erklärst du ihr auf Deutsch, was sie wissen möchte.

Mozilla Firefox

Datei Bearbeiten Ansicht Chronik Lesezeichen Extras Hilfe

Google

Un projet sportif et culturel

Les Jeux de la Francophonie, qu'est-ce que c'est? Ce sont des jeux sportifs, mais différents des Jeux olympiques. Les Jeux de la Francophonie, c'est un festival de sport, de culture, d'échange international, de la langue française et surtout, de solidarité.
L'idée de solidarité, par exemple, se trouve dans le choix[1] du pays où les jeux sont organisés: une année, c'est dans un pays du Sud, l'année suivante, c'est dans un pays du Nord. Et une fois sur deux[2], les jeux sont organisés dans un pays non industrialisé.
Tous les quatre ans, on invite des jeunes de tous les pays francophones à se rencontrer, à faire du sport et à présenter leur travail culturel. Les jeunes viennent des cinq continents pour participer à ces jeux sportifs et culturels. La langue de tous ces jeunes qui participent, c'est le français. C'est donc un jeu facile de communiquer aux Jeux de la Francophonie.
Pourquoi est-ce qu'on a eu l'idée de faire des Jeux de la Francophonie?
Il y a 77 pays francophones, et plus de 800 millions de personnes parlent la langue française, ça fait 12,6 % de la population[3] du monde. Cette langue est importante pour la communication, mais aussi pour comprendre et pour exprimer[4] la culture. Les jeunes qui participent aux jeux de la Francophonie vont comprendre qu'ils ont des cultures et des langues différentes, mais qu'ils ont en plus, tous ensemble, la langue et la culture française.
Beaucoup de disciplines qu'on a choisies pour ces jeux sont sportives, bien sûr, mais il y a aussi du théâtre, de la danse, de la musique.
Comme sports, il y a par exemple: l'athlétisme, le basketball, le football, le judo, le tennis de table, la lutte africaine[5], le cyclisme ...
Et dans les disciplines culturelles, il y a la danse, le hip-hop, la jonglerie, la peinture, la photographie, la création numérique[6], la création de marionnettes, le théâtre, la lecture, le chant et beaucoup d'autres ...

Voici ce que dit un jeune qui travaille dans la création numérique de cette année:
– Je suis le chef artistique d'un groupe international. Nous sommes quatre garçons, et pour tous les quatre, l'informatique est passionnante. On nous a demandé de travailler sur le thème «les droits de l'homme, la paix[7] et la démocratie». Nous avons beaucoup réfléchi et discuté, finalement nous avons trouvé une phrase d'Isaac Newton que nous avons trouvé intéressante:
«Les hommes construisent trop de murs et pas assez de ponts[8]».
Pour illustrer cette idée, nous avons fait sur l'ordinateur des scènes virtuelles avec des murs et des ponts.

*1 **un choix** eine (Aus-)Wahl; 2 **une fois sur deux** jedes zweite Mal; 3 **une population** eine Bevölkerung; 4 **exprimer qc** etw. ausdrücken; 5 **la lutte africaine** afrikanische Sportart (Wrestling); 6 **la création numérique** die kreative Informatik (den Computer als kreatives Werkzeug nutzen); 7 **la paix** der Frieden; 8 **construire des murs** (m.) **et pas de ponts**(m.) Mauern bauen statt Brücken*

Deine Schwester fragt: Was ist das denn für ein lustiges Foto? Worum geht es da?

Du antwortest: ____________________

____

Deine Schwester: Ist das immer in Nizza?

Du: ____________________

____

Deine Schwester: Wer kann denn da teilnehmen?

Du: ____________________

____

Deine Schwester: Was soll ich mir genau unter dieser kreativen Informatik vorstellen?

Du: ____________________

____

Deine Schwester: Und was hat das mit dem Projekt zu tun?

Du: ____________________

____

____

Deine Schwester: Was genau drückt das Zitat aus?

Du: ____________________

____

Deine Schwester: Ich finde, das passt gut zu den Zielen. Hat die Projektgruppe das auch virtuell umgesetzt?

Du: ____________________

____

Isaac Newton (1643–1727)

Thema der Klassenarbeit: ______________________________

Ecouter: Une journée de vacances

Aline vient de rentrer de vacances. Le téléphone sonne ...

A *Ecoute le document et coche la phrase correcte.*

1	2	3
Au téléphone, Aline raconte ses vacances au Mont-Saint-Michel à ses grands-parents.	Au téléphone, Aline raconte son aventure au Mont-Saint-Michel à ses grands-parents.	Au téléphone, Aline parle avec son grand-père de ses vacances en Normandie.
☐	☐	☐

B *Vrai ou faux? Ecoute le document encore une fois et coche la bonne réponse.*

	vrai	faux
1. Après la rentrée des vacances, Aline téléphone tout de suite à ses grands-parents.	☐	☐
2. Aline trouve que le voyage était long.	☐	☐
3. Le père d'Aline a eu l'idée de faire une randonnée dans la baie du Mont-Saint-Michel.	☐	☐
4. Le grand-père trouve que faire une randonnée dans la baie était une bonne idée.	☐	☐
5. Aline et ses parents sont partis avec des touristes allemands.	☐	☐
6. Le vieux monsieur du groupe était un vrai guide.	☐	☐
7. La marée était basse, mais on voyait que la mer montait déjà.	☐	☐
8. Il n'y avait pas assez de panneaux pour les touristes.	☐	☐
9. Tout le monde ramassait des coquillages.	☐	☐
10. La mère d'Aline ne voulait pas prendre des photos.	☐	☐
11. Les parents étaient quand même un peu inquiets.	☐	☐
12. Tout à coup, le vieux monsieur a vu que la mer arrivait.	☐	☐
13. Le groupe s'est mis à courir pour aller vers la route.	☐	☐
14. L'eau était déjà arrivée sur la route.	☐	☐

C *Ecoute le document encore une fois. Puis, lis les phrases suivantes et complète-les.*

1. La famille a visité le Mont-Saint-Michel le ______________________ jour des vacances.

2. Au Mont-Saint-Michel, il y a trois ______________________ de visiteurs par an.

3. Dans la baie, l'eau montait presque aussi vite qu'un ______________________ qui court.

4. Aline va voir ses grands-parents ______________________ à ______________ heures.

5. La grand-mère fera une ______________________ de Normandie, mais pas de ______________. Elle leur fera un ______________________ aux ______________________.

M 1 KA-Nr.: Name: Datum: Kl./Kurs: L-Krzl.:

Lire: Un autre tour de France ...

Pendant les vacances, Tobias et sa famille vont partir en France pour visiter quelques régions. Pour préparer leur voyage, il cherche des informations sur la France.

A *Lis le texte, puis coche la / les bonne(s) réponse(s).*

Mozilla Firefox

La France est le plus grand pays de l'Union européenne: la métropole et les régions d'outre-mer forment ensemble plus de 640 000 km². Les régions de France offrent tellement de paysages différents que les touristes ne savent pas par où commencer leur visite. La découverte de ces grandes différences entre des paysages, tous aussi fantastiques les uns que les autres[1], est souvent une belle surprise, ce qui explique pourquoi la France est un pays passionnant qui fascine.

Avec ses 5 500 km de plages romantiques - de sable ou de rochers - au bord de la Manche, de l'Atlantique et de la Méditerranée, la France est bien sûr le pays idéal pour passer des vacances à la mer. Il ne faut pas non plus oublier les nombreuses[2] îles autour de la métropole comme la plus importante, la Corse. Sans parler du climat chaud tropical et du charme exotique de certaines régions d'outre-mer qui plaisent à tous.

Quatre grands fleuves traversent le pays, la Seine, la Loire, la Garonne et le Rhône. Ils offrent des paysages de rêve au bord de l'eau pour les touristes qui choisissent de visiter les régions en bateau.

Les grands massifs des Pyrénées et des Alpes permettent de pratiquer des activités sportives à la montagne en hiver comme en été. Le vieux massif des Vosges en Alsace et la chaîne des volcans d'Auvergne intéressent aussi tous les touristes, même les plus âgés[3] qui vont se reposer dans les stations thermales.
La France est riche en grottes spectaculaires: la plus célèbre est la grotte de Lascaux, près des Pyrénées, connue dans le monde entier pour ses mystérieuses peintures d'animaux. Aujourd'hui, on ne peut plus la visiter en réalité, mais une visite virtuelle sur l'Internet est possible.

La France, ce pays vieux de plusieurs siècles, présente une vraie mosaïque riche en monuments historiques, en traditions régionales culturelles et en spécialités culinaires de toutes sortes. Pour bien les connaître, il faut passer quelque temps dans chaque région. Partout, chaque touriste y trouvera son petit coin de paradis.

Avant la Révolution française de 1789, la France n'avait pas encore de régions, mais des provinces qui ont disparu aujourd'hui. A cause de l'organisation administrative qui était très difficile, on a décidé, en novembre 1789, de former des départements plus petits que les provinces et on leur a choisi de nouveaux noms. En 1919, on a ensuite formé 19 régions économiques et touristiques. Après 1944, on a décidé de faire le système des régions administratives. Enfin, en 1982, les régions ont trouvé leur forme actuelle. Au cœur de[4] ces régions, Paris continue de jouer un rôle important comme capitale.

Quand on compare le système administratif français au système allemand, on comprend qu'il y a de grandes différences. Mais ce n'est pas grave! Vive la différence en Europe!

Ce texte parle surtout ...

- ☐ de la géographie de la France.
- ☐ de l'histoire de France.
- ☐ de la cuisine française.

---

1 ***les uns que les autres*** *die einen wie die anderen;* ***2 nombreux, nombreuse*** *zahlreich;* ***3 âgé(e)*** *alt;* ***4 au cœur de*** *hier: im Zentrum*

B *Lis le texte encore une fois. Vrai ou faux? Coche (**9.-11.**).*
*Corrige la phrase si elle est fausse (**1.+2., 5.-8.**) et réponds à la question (**3.+4.**).*

1. Le texte explique que la France est plus grande que les autres pays européens. vrai ☐ faux ☐

____

2. Les touristes se demandent quelle région ils doivent d'abord visiter. vrai ☐ faux ☐

____

3. Quelle est la surprise quand on visite la France?

____

4. Pourquoi est-ce que la France est le pays idéal des vacances au bord de la mer? (donne 2 aspects)

1) ______________________________

2) ______________________________

5. L'auteur du texte dit qu'il n'est pas possible de pratiquer des activités sportives à la montagne pendant toute l'année. vrai ☐ faux ☐

____

6. Les touristes âgés préfèrent la montagne aux stations thermales en Auvergne. vrai ☐ faux ☐

____

7. L'auteur explique qu'on trouve peu de grottes dans les massifs de montagnes. vrai ☐ faux ☐

____

8. Pendant les vacances, Tobias peut visiter la grotte de Lascaux avec sa famille. vrai ☐ faux ☐

____

9. Avant 1789, la France avait ...
- ☐ des régions, mais pas de provinces.
- ☐ seulement des provinces.
- ☐ des provinces et des régions.

10. On a formé des départements pour ...
- ☐ avoir plus de petites régions.
- ☐ leur donner d'autres noms.
- ☐ une meilleure organisation administrative.

11. En 1919, on a formé des régions ...
- ☐ historiques.
- ☐ économiques.
- ☐ touristiques.

C *Retrouve les phrases qui correspondent **au texte:***
relie (verbinde) les parties qui vont ensemble.

	a des peintures d'animaux très mystérieuses.
1. La Corse est	**b** les départements.
2. Les gens aiment le climat chaud tropical	**c** de monuments historiques et traditions régionales.
3. Quatre grands fleuves traversent	**d** la plus grande île près de la métropole.
4. La grotte de Lascaux a	**e** la France.
5. Partout, on trouve toutes sortes	**f** des îles d'outre-mer.
6. On a choisi des nouveaux noms pour	**g** des stations thermales.

1. ________ **2.** ________ **3.** ________ **4.** ________ **5.** ________ **6.** ________

M 1 KA-Nr.: Name: Datum: Kl./Kurs: L-Krzl.:

Ecrire: Mes super vacances!

Cette année, avec ta famille, tu as passé tes vacances de Pâques en France.
Vous êtes allés dans le Sud, à Marseille et dans la région.

A ton retour, tu envoies un courriel à ta correspondante québécoise pour lui raconter tes vacances. Tu racontes ce que tu as fait, tu lui parles de quelques curiosités intéressantes de la ville / région que tu as visitées. Les photos peuvent t'aider (environ 150 à 180 mots).

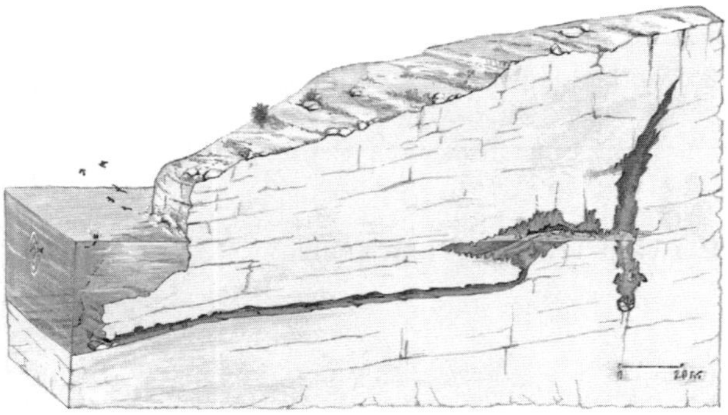

Médiation: Le château d'If

Mit deiner Familie werdet ihr eure Sommerferien in Südfrankreich verbringen. Deine Eltern möchten auch die berühmte Festungsanlage Château d'If besichtigen. Leider verstehen sie nicht genug Französisch und brauchen deine Hilfe, um den Besuch zu organisieren. Sie möchten auch im Vorfeld mehr über die Geschichte der Festung erfahren. Über französische Internetseiten findest du nützliche Informationen. Du beantwortest die Fragen deiner Eltern.

Mozilla Firefox
Datei Bearbeiten Ansicht Chronik Lesezeichen Extras Hilfe

Histoire du château d'If

Un jour de 1515, le roi François Ier qui rentrait de voyage a fait une halte à Marseille. Il a pensé qu'il fallait protéger la ville contre une invasion et aussi contrôler ce qui se passait dans le port qui était l'un des plus grands de France. Il a donc décidé[1] la construction d'une forteresse[2] sur l'île qui se trouve en face[3] de la ville: c'est comme cela que le château d'If est né.
Sur la petite île de 3 hectares, la construction a commencé en 1529 avec beaucoup de retard à cause du mauvais temps, elle a continué jusqu'à environ 1531, année de l'arrivée des premiers soldats avec leur gouverneur.
La forteresse, qui a trois étages, a la forme d'un carré long de 28 m, mais il n'y a que trois tours. Avec ses 22 m, la tour *Saint-Christophe* au nord-ouest est la plus haute. Entre les tours se trouvent une grande cour et des terrasses sur deux niveaux[4].
Les habitants de Marseille n'étaient pas du tout d'accord avec cette idée et ont beaucoup protesté contre le projet.
Très vite, en 1540, le château est devenu une prison qu'il n'était pas possible de quitter à cause de sa situation géographique. A la fin du XVIIe siècle, elle a reçu des personnes protestantes qu'on envoyait sur les galères de Marseille. En deux siècles, il y en a eu en tout 3 500.
La prison a été fermée en 1914, les dernières personnes étaient des Allemands pendant la Première Guerre mondiale[5]. Le château est ouvert aux visites depuis 1880, il est devenu monument historique en 1926.
En 1844, Alexandre Dumas a publié son roman *Le Comte de Monte-Cristo*. Le lieu de l'action est au début le château d'If où le jeune héros Edmond Dantès se trouve en prison. Cette histoire deviendra plus tard un succès de littérature international.

Conditions de visite / Ouverture

Les heures d'ouverture sont différentes pour chaque saison de l'année, ouverture à 10 heures (10 heures 30 en hiver), fermeture à 18 heures (17 heures en hiver).
Les visiteurs peuvent choisir entre:

- les visites libres (environ une heure) avec documents en français, anglais, allemand, italien, espagnol, tchèque, russe, chinois, néerlandais et japonais,
- les visites avec commentaires historiques (30 minutes),
- les visites avec un guide qui sont aussi proposées en plusieurs langues (1 heure 30 avec la visite de l'île).

Départ pour l'île sur le Vieux-Port (en bas de la Canebière), sur le quai de la Fraternité - Marseille.
Compagnies maritimes: Frioul If Express, Croisières Marseille Calanques, Icard Maritime.
Les tickets pour la visite du château et de l'île doivent être payés à l'arrivée sur l'île.
Renseignements à l'Office de tourisme et des Congrès de Marseille: 11, la Canebière - 13001 Marseille, tél: + 33 (0)826 500 500, fax: + 33 (0)4.91.13.89.20

***1 demander qc** hier: etw. verlangen;* ***2 une forteresse** eine Festung(sanlage);* ***3 en face (de)** gegenüber (von);* ***4 un niveau** hier: eine Ebene;* ***5 la Première Guerre mondiale** der Erste Weltkrieg*

M 1 KA-Nr.: Name: Datum: Kl./Kurs: L-Krzl.:

Deine Mutter fragt: Was steht über die Geschichte der Festung auf der Website? Wer hat sie denn erbaut? Wie ist sie entstanden?

Du antwortest: ______________________________

____

____

____

____

____

Deine Mutter: Wie waren die Reaktionen der Bevölkerung?

Du: ______________________________

____

Dein Vater: Erfährt man etwas über die Architektur?

Du: ______________________________

____

____

____

____

____

Dein Vater: Wie wurde die Festung genutzt?

Du: ______________________________

____

____

____

Deine Mutter: Ach ja, das kenne ich doch aus dem Film mit Gérard Depardieu …
Wie heißt noch mal der Film und der Autor der Romans?

Du: ______________________________

____

Deine Mutter: Was muss man wissen, wenn man die Festungsanlage besichtigen möchte?

Du: ______________________________

____

____

____

____

M 2 KA-Nr.: Name: Datum: Kl./Kurs: L-Krzl.:

Thema der Klassenarbeit: ____________________

Ecouter: Un concert bien gagné!

Le téléphone sonne chez Julie. C'est sa copine Amira ...

A *Ecoute le document et coche la/les bonne(s) phrase(s).*

1. De quoi est-ce qu'Amira parle **au début**?

Au début, Amira explique à Julie qu'elle

☐ lui a laissé un message lundi, mais que Julie ne l'a pas rappelée.
☐ l'a appelée mercredi pour lui laisser un message.
☐ l'a appelée lundi, mais elle n'a pas laissé de message.

2. De quoi est-ce que Julie et Amira parlent **ensuite**?

Ensuite, Julie et Amira parlent

☐ d'une sortie qu'elles veulent faire ensemble.
☐ d'un de leurs amis.
☐ d'un cadeau que Julie a reçu.

B *Maintenant, écoute le document encore une fois et coche la phrase correcte ou coche si c'est vrai ou faux (phrase 7. et 10.) et complète la phrase 2., 3., 11. et 12.*

1. Amira téléphone à Julie pour lui

☐ parler d'une sortie au cinéma.
☐ dire qu'elle va aller en ville.
☐ proposer une promenade en bateau.

2. Amira propose un jour: c'est le ____________________.

3. C'est le jour du ____________________ des ____________________.

4. Julie répond qu'elle

☐ ne peut pas.
☐ n'a pas envie.
☐ n'aime pas les bateaux.

5. Julie explique

☐ qu'elle a acheté un billet[1] pour tous ses cousins.
☐ qu'elle a un billet pour Amira.
☐ que ses cousins lui ont acheté un billet.

6. Amira

☐ a déjà vu ce groupe.
☐ n'a jamais vu ce groupe.
☐ verra ce groupe l'année prochaine.

7. Amira sait chanter la chanson de ce groupe par cœur. vrai ☐ faux ☐

8. Amira dit: «Je voudrais

☐ changer de ville chaque année.»
☐ voir tous les spectacles à la télé.»
☐ m'engager au profit d'une association.»

---

*[1] **un billet** hier: eine Eintrittskarte*

9. Le père de Julie a rencontré le président des Restos du Cœur
- ☐ en vacances.
- ☐ pendant un concert.
- ☐ pendant un projet.

10. Amira trouve le travail des Restos du Cœur trop médiatique. vrai ☐ faux ☐

11. Julie veut ____________________ une rencontre entre Amira et le ______________________________.

12. Julie veut lui demander de faire une ____________________ pour le __________________________.

C *Ecoute le document. Puis, lis les phrases suivantes et complète-les.*

Quelques jours plus tard, Julie appelle Amira, mais elle ne répond pas au téléphone.

1. Julie lui laisse un premier message à _________ heures ________.

2. Elle lui explique que pour Noël, l'________________________________ a besoin de plus de bénévoles pour aider dans les ________________ du _______________.

3. Elle lui dit qu'elle pourra passer ____ avec toute l'équipe.

4. Julie rappelle Amira une deuxième fois à _________ heures ________ pour tout lui dire:

Amira va rencontrer le président après le ____.

5. Tout le monde se retrouve vers _________ heures devant la ______________________________.

6. Le numéro de téléphone de Julie à la maison, c'est le ____.

Zénith, Strasbourg Europe

M 2 KA-Nr.: Name: Datum: Kl./Kurs: L-Krzl.:

Lire: Vivre pour les autres

Aude et sa famille sont très engagées … C'est intéressant d'apprendre ce qu'elles font dans leur temps libre.

A *Lis ce qu'Aude écrit dans son blog. Puis, résume en une ou deux phrase(s) le contenu (den Inhalt) du blog.*

Jeudi 10 janvier, 20 h 50

Les copains, vous avez écouté l'actualité à la télé ce soir? Encore plus de gens qui vivent dans la rue cette année! Et on est en plein hiver! Le froid est impressionnant ces derniers jours. Cette situation m'indigne tellement! Depuis toujours, ma famille se met en colère à cause des problèmes dans notre société. Toute leur vie, mes grands-parents ont participé aux actions de plusieurs associations.

Quand il était jeune, mon grand-père était souvent malheureux de voir des gens pauvres. Plus tard, il a décidé de s'engager et il a passé sa vie dans le travail bénévole. Tout a commencé en hiver 1954, quand il a entendu à la radio l'appel de l'abbé Pierre qui cherchait à aider les personnes qui vivaient dans la rue. La raison de cet appel ? Une femme qui vivait dans la rue à Paris venait de mourir à cause du froid. Mon grand-père est tout de suite allé voir cet homme qu'il ne connaissait même pas. Plus tard, ils sont devenus amis. Ensemble, ils ont vécu des choses inoubliables. Ma grand-mère s'engageait aussi, elle s'occupait surtout de ranger les vêtements et les autres choses que les gens apportaient chaque jour à l'association d'Emmaüs, fondée par l'abbé Pierre en 1949 et qui est devenue une association internationale. Grâce aux différents projets d'Emmaüs, beaucoup de gens ont trouvé du travail et un nouveau toit.

l'abbé Pierre

Aujourd'hui, ce sont mes parents qui se mobilisent dans différentes actions au profit des gens défavorisés. Mon père, qui travaille pour une chaîne de télévision franco-allemande, passe presque tout son temps libre à préparer la diffusion d'articles qui traitent de la discrimination des immigrés. Souvent, avec l'association qu'il a fondée pour l'égalité des chances, il va dans les écoles et s'adresse aux jeunes: il leur explique le traitement des enfants des familles de sans-papiers qui ne peuvent pas toujours aller à l'école. Bien sûr, ma mère s'intéresse aussi à l'actualité, sa plus grande indignation, c'est de voir qu'on ne respecte pas la nature. Elle trouve les projets écologiques très importants.

Avec mes frères et sœurs, j'aide mes parents comme je peux, mais moi, ce qui m'intéresse, ce sont surtout les pauvres animaux qui n'ont plus de toit. Au début des grandes vacances, les gens veulent partir, mais ils ne savent pas où mettre leur animal: chien ou chat, c'est la même chose. Ils ne réfléchissent pas, ils ne pensent qu'à passer de bonnes vacances. Alors, ils le laissent tout seul dans la rue! Ce pauvre animal risque de mourir de faim et de soif s'il n'y a pas quelqu'un qui s'occupe de lui. C'est incroyable! Je ne comprends pas comment on peut faire cela. C'est pourquoi je m'engage pour défendre[1] les animaux et je suis bénévole pour l'association «Animaux sans toit». Je vais aussi à la S.P.A. faire des promenades avec les chiens, je leur donne à manger, j'aide parfois à chercher de nouvelles familles pour tous ces pauvres chats et chiens abandonnés[2]. Alors mes amis, si un jour, vous voyez un pauvre animal abandonné dans la rue, ne le laissez pas seul, aidez-le à retrouver une famille qui l'aimera.

Engagez-vous, vous verrez, on vit des choses inattendues. Un jour, par exemple, ma mère a rencontré Coluche, vous savez, l'humoriste qui a fondé les Restos du Cœur, mais ça, c'est une autre histoire. Je vous la raconterai une autre fois, peut-être demain.

Dans son blog, Aude parle de ______________________________

____

____

***1 défendre qn / qc** jdn. / etw. verteidigen; **2 abandonner qn** jdn. verlassen*

B *Lis le texte encore une fois.*
- *Vrai ou faux? Coche. Corrige la phrase si elle est fausse (**1.-5., 7., 9.-14.**),*
- *complète les phrases (**6., 8., 15.**),*
- *réponds aux questions (**16., 17.**).*

1. Aude a écouté l'actualité à la télé ce soir-là. vrai ☐ faux ☐

____

2. C'est l'hiver, mais il ne fait pas très froid. vrai ☐ faux ☐

____

3. Cette année, il y a moins de gens qui n'ont pas de maison. vrai ☐ faux ☐

____

4. La famille d'Aude s'indigne des problèmes de la société. vrai ☐ faux ☐

____

5. Le grand-père d'Aude a entendu l'appel de l'abbé Pierre à la télé. vrai ☐ faux ☐

____

6. L'abbé Pierre a fait cet appel parce que ______________________________

____

7. Le grand-père et l'abbé Pierre ont fondé Emmaüs ensemble. vrai ☐ faux ☐

____

8. La grand-mère d'Aude comment aidait-elle l'association d'Emmaüs?

____

______________________________.

9. Emmaüs s'engage dans un seul projet: trouver un toit pour les personnes qui vivent dans la rue. vrai ☐ faux ☐

____

10. Le père d'Aude s'intéresse aux problèmes des immigrés. vrai ☐ faux ☐

____

11. Il travaille dans les écoles pour les enfants des familles de sans-papiers. vrai ☐ faux ☐

____

12. La mère d'Aude participe à des projets écologiques. vrai ☐ faux ☐

____

13. Les frères et sœurs d'Aude ne s'engagent pas. vrai ☐ faux ☐

____

14. Aude explique que, d'habitude, les gens partent en vacances avec leur chien. vrai ☐ faux ☐

____

15. Aude est bénévole pour______________________________

16. Qu'est-ce qu'elle fait? ______________________________

____

17. De quoi est-ce qu'elle pourrait[1] parler dans son blog le 11 janvier?

____

____

*[1] **elle pourrait** sie könnte*

Ecrire: Sans domicile fixe[1]

Aujourd'hui, beaucoup de gens, mais aussi des animaux, n'ont plus de toit.

*Regarde les deux photos et choisis-en **une**.*
Explique la situation de cet homme / cet animal.
Où vivait-il avant? Que s'est-il passé?
Où est-il maintenant? Comment sa vie continuera-t-elle?
Imagine et raconte son histoire aux temps qu'il faut.

Voici des mots / expressions pour t'aider:
auf dem Boden liegen *être couché par terre* etw. transportieren *transporter qc* mager *maigre*

1

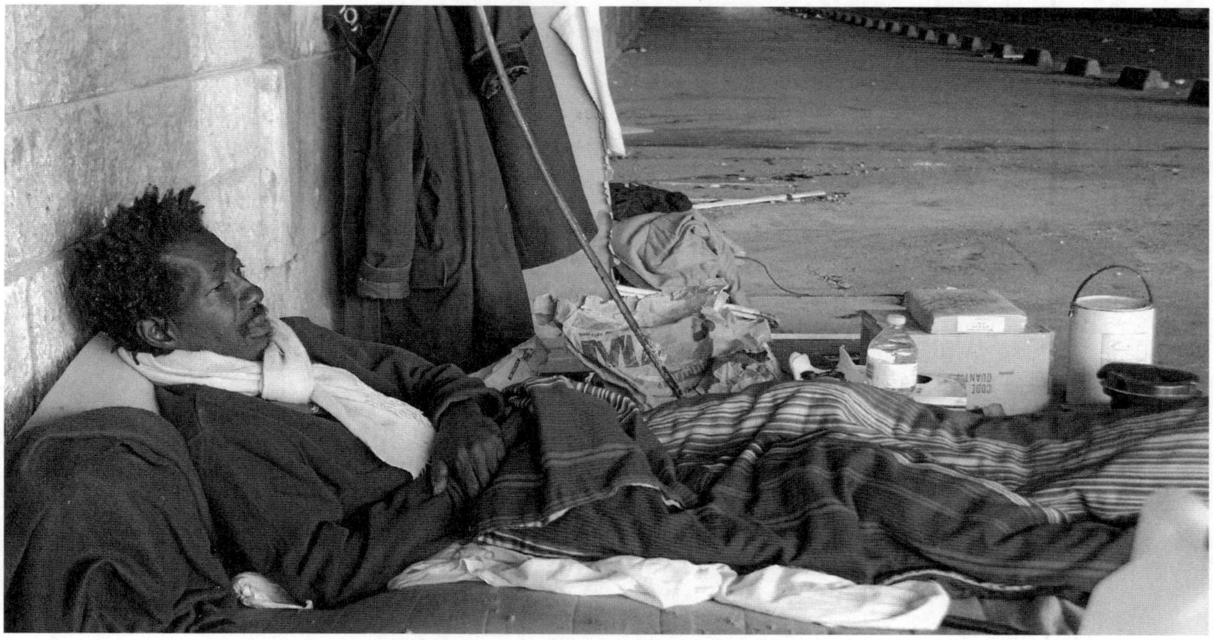

2

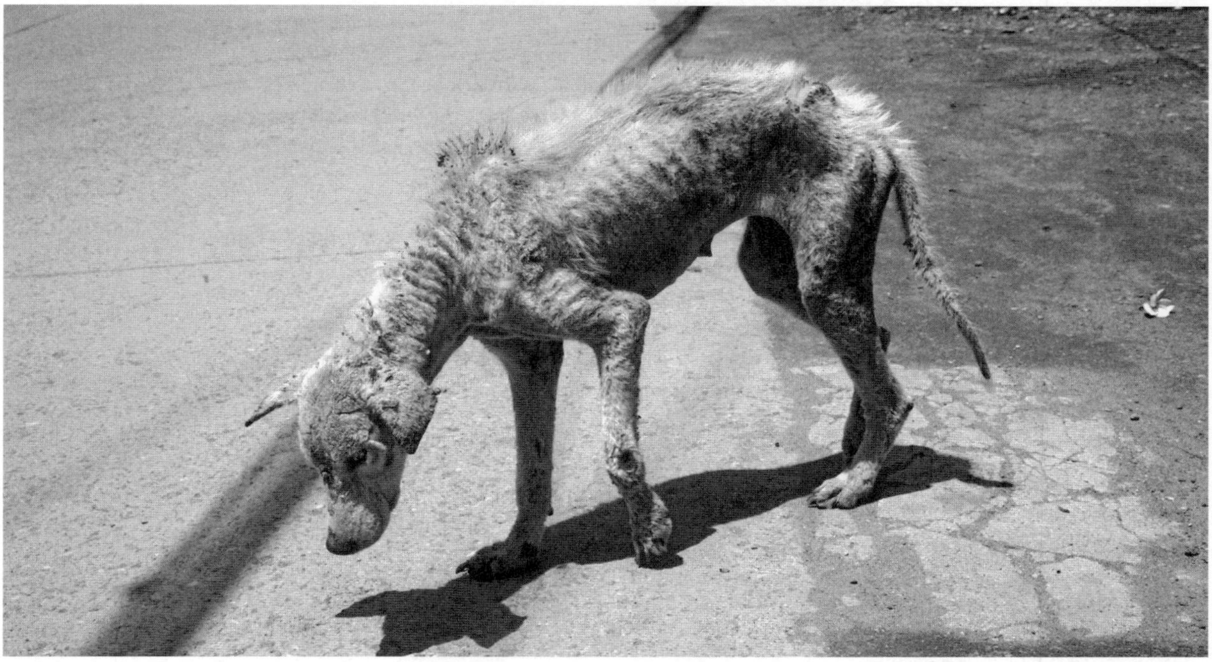

***1 sans domicile fixe** ohne festen Wohnsitz / obdachlos (bei Tieren: ohne ein Zuhause)*

Médiation: „Aktion Tierisch Happy“ – ein toller Verein!

Du hast neulich den Blogeintrag von Aude, deiner französischen Brieffreundin, gelesen, in welchem sie von ihrem Engagement für Tiere erzählt. Daraufhin hast du ihr sofort einen Link zum Verein „Aktion Tierisch Happy“ zugeschickt, bei dem du dich auch für Tiere engagierst.

Mozilla Firefox

Datei Bearbeiten Ansicht Chronik Lesezeichen Extras Hilfe

„Aktion Tierisch Happy“ ist ein gemeinnütziger und als besonders förderungswürdig anerkannter Verein, der sich für arme, ausgesetzte, schlecht behandelte und durch Unfälle in Not geratene Tiere einsetzt.

Neben der wichtigsten Aufgabe, ein neues Zuhause in einer netten Familie für verlassene Tiere zu finden, liegt uns sehr viel daran, uns für den Tierschutz zu engagieren. Da sich die Gesamtsituation der Tiere nicht allein durch die Vermittlung einiger weniger Tiere verbessern wird, ist es uns wichtig, auch Aufklärungsarbeit durchzuführen, um die Menschen zu informieren.
Dazu gehört unter anderem, dass wir an Schulen Kinder und Jugendliche über die Situation unglücklicher Tiere aufmerksam machen und sie mobilisieren.

Ein wichtiges Anliegen von **„Aktion Tierisch Happy“** ist es, zu verhindern, dass noch mehr Katzen und Hunde auf der Straße landen. Deshalb ist es unbedingt nötig, sowohl hier in Deutschland als auch im Ausland viele Tiere zu kastrieren. Dazu ermutigen wir die Besitzer.
Es ist die EINZIGE Lösung, um das Leben der Straßentiere in Europa und auf der ganzen Welt zu verändern!

Wenn Besitzer Hilfe für die Betreuung ihrer Tiere brauchen (z. B. in den Ferien) oder wenn sie sie aus gesundheitlichen oder finanziellen Gründen abgeben müssen, helfen wir ihnen.

Für **„Aktion Tierisch Happy“** hört der Tierschutz NICHT an den deutschen Landesgrenzen auf, sondern wir versuchen, ALLEN notleidenden Tieren zu helfen - überall auf der ganzen Welt. Die Tiere können nichts dafür, wo sie geboren wurden, Tierschutz kennt keine Grenzen! Deshalb führen wir viele internationale Projekte durch. In anderen europäischen Ländern haben wir mittlerweile einige Partnervereine, die tolle Arbeit leisten. Zusammen helfen die Mitglieder kranken Tieren, füttern die gesunden, arbeiten in Tierheimen oder helfen beim Bau neuer Tierheime. **„Aktion Tierisch Happy“** arbeitet ausschließlich mit internationalen Organisationen zusammen, die wir wirklich gut kennen. Manchmal organisieren wir Reisen in andere Länder oder nehmen daran teil, um das Umfeld der benachteiligten Tiere zu sehen.

Wir brauchen dringend ehrenamtliche private Helfer und viele Spenden, Medikamente, Futter und Geld, weil es ohne Geld unmöglich ist, teure Projekte durchzuführen.
Geld kann man auf unser Konto unter dem Stichwort „Projekte" überweisen an:
Sparkasse Langen-Seligenstadt, IBAN: DE 54506521240046114211; SWIFT (BIC) HELADEF1SLS
Wer möchte, kann auch ein bestimmtes Tier aussuchen und ihm Futter spenden.
Fotos der Projekte und verschiedener unvergesslicher Aktionen findet man beim Anklicken auf der linken Menüleiste.

Adaptierter Text, mit freundlicher Genehmigung des Tierschutzvereins © "Aktion Tierisch Happy e.V.", Dreieich 2013

Aude hat sich gleich bei dir gemeldet, weil sie den Text nicht so gut verstanden hat.
Du beantwortest ihre Fragen auf Französisch.

Folgende Wörter können dir helfen:
der Tierschutz *la protection des animaux / la protection animale*
ein Tierheim / Tierasyl *un refuge*
jdn. / etw. schützen *protéger qn / qc*
kastrieren *stériliser*
ein Bankkonto *un compte (bancaire)*

Aude: Quels sont les buts[1] de cette association?

Toi: ____

____

____

____

____

Aude: Que fait l'association?

Toi: ____

____

____

____

____

____

____

____

____

____

____

____

____

Aude: Où cette association aide-t-elle? Avec qui travaille-t-elle?

Toi: ____

____

____

____

____

Aude: De quelles aides a-t-elle besoin? Comment peut-on l'aider?

Toi: ____

____

____

____

1 un but *ein Ziel*

Grammaire / Vocabulaire

Aufgaben zur Verwendung für
- stärker an einzelnen Lernzielen orientierte Klassenarbeiten / Schulaufgaben
- Kurzkontrollen
- Extemporalien

u. a.

Grammaire: Papa et moi, deux clowns drôles ...?

Vladimir, 13 ans, est un enfant du cirque.
Il travaille au cirque et comme son père, il est clown.
Dans ce texte, il parle de sa vie.

*Lis le dialogue, puis complète-le avec les bonnes formes du verbe **rire**.*

– Mon père et moi, nous faisons des blagues et les gens commencent à ________________.

Dès que[1] nous entrons sur la piste, les gens ________________ parce que nous sommes très drôles.

Surtout les enfants ________________ beaucoup. Et puis nous commençons notre numéro.

Moi, je ________________, je ________________, et mon père ne ________________ pas,

il demande: «Mais pourquoi est-ce que tu ________________?»

Mais je ne peux pas répondre parce que je ________________ tout le temps.

Après, mon père veut ________________ aussi, alors il raconte une petite histoire drôle,

il ________________, mais moi, je ne ________________ pas.

Alors, mon père se met en colère[2] et dit: «Tu ________________ pour un oui ou pour un non,

mais tu ne ________________ pas de mon histoire.»

Je ne ________________ toujours pas et je réponds:

«Je ne ________________ pas parce que ton histoire n'est pas drôle. Tu es un clown, mais on

ne ________________ pas de tes histoires. Regarde, les gens ne ________________ pas.

Vous, les enfants, est-ce que vous ________________ des histoires de mon papa?

Est-ce qu'il est vraiment drôle?»

Et voilà, c'est la dispute entre les deux clowns. Et ça, c'est très drôle!

Finalement, nous ________________ tous ensemble.

1 dès que *sobald;* ***2 se mettre en colère*** *wütend werden*

Grammaire: Est-ce qu'elle a des problèmes?

Pendant la récré, les élèves de la 4eA discutent.
Ils parlent de leur copine Marie.

*Lis les phrases, puis mets les bonnes formes du verbe **croire** et **la négation ne … rien** ou **la négation ne … personne**.*

1 – Marie n'a pas la pêche, je ______________.

2 – Tu ______________?

3 – Oui, elle a des idées noires et elle ________ veut voir ____________________.

4 – Et les profs ______________ qu'elle ne travaille pas bien.

5 – Elle est bonne en maths et en allemand, mais cette année, elle ________ fait ________________.

6 – Nous ______________________ qu'il y a des problèmes dans sa famille.

7 – C'est possible. On invite souvent Marie, mais elle __________ invite _________________ chez elle[1].

8 – Maire, elle ________ dit ____________________.

9 – Elle ______________ que ses parents vont divorcer[2].

10 – Il faut aider Marie, vous ne _________________________.pas?

***1 chez elle** hier: zu sich (nach Hause); **2 divorcer** sich scheiden lassen*

Vocabulaire: Qu'est-ce que tu dis?

Qu'est-ce que tu dis dans certaines situations?
Coche la réaction qui va avec le contexte.
(Was sagst du in bestimmten Situationen?
Kreuze jeweils die Reaktion an, die zum Kontext passt.)

1. Marie-Louise n'a pas été en forme …

- ☐ Elle va mieux maintenant.
- ☐ Ça y est!
- ☐ Ça ne sert à rien.

2. Il y a un bouchon sur l'autoroute …

- ☐ Ça va mal.
- ☐ Ça va nous redonner la pêche.
- ☐ On risque de perdre du temps.

3. Tu ne veux plus écouter la musique de ton copain …

- ☐ J'en ai marre de cette musique …
- ☐ Je suis de mauvaise humeur …
- ☐ Je ne suis pas motivé(e) …

4. Il y a des problèmes entre deux de tes copines …

- ☐ L'important, c'est d'en parler.
- ☐ On peut toujours essayer.
- ☐ Il faut les oublier!

Grammaire: Maman raconte.

Maman raconte son enfance à la campagne.
(Mama erzählt von ihrer Kindheit auf dem Lande.)

Lis le texte, puis complète-le avec les verbes ***à l'imparfait****.*

Tu sais, quand j' (être) ______________________ petite,

on (habiter) ______________________ à la campagne,

dans une maison avec un grand jardin. On (avoir) ______________________ même un cheval,

Lucky, que j'(adorer) ______________________. Ta tante Joséphine et moi,

nous (aller) ______________________ à l'école maternelle tous les jours.

Et les après-midis, nous (faire) ______________________ du roller dans la cour ou

nous (jouer) ______________________ à cache-cache[1] dans le jardin.

Joséphine (se cacher) ______________________ toujours derrière le même grand arbre.

Tout le monde le (savoir) ______________________ et en plus[2], on la (voir)

______________________ toujours un peu derrière cet arbre. Nos parents (dire)

______________________ toujours: «Joséphine, cache-toi ailleurs[3], on peut te voir.»

Mais Joséphine (ne pas les croire) ______________________.

Elle (ne pas pouvoir) ______________________ comprendre pourquoi

je la (trouver) ______________________ toujours.

---

1 jouer à cache-cache *Versteck spielen;* ***2 en plus*** *außerdem;* ***3 cache-toi ailleurs*** *versteck dich woanders*

Grammaire / Vocabulaire: Au collège Albert Camus

Il est 12h20. Au collège Albert Camus, les élèves commencent à être fatigués et attendent la pause de midi.

Lis le texte, puis coche le mot qui va avec le contexte. (Lies den Text, kreuze dann jeweils das richtige Wort an: Entscheide nach dem Zusammenhang, welches Wort das richtige ist. Achte auf die richtigen Verbformen!)

C'est le ☐ cours ☐ court ☐ cour d'anglais.

La prof parle et parle et parle … Les élèves n'écoutent pas. Ils regardent par la fenêtre.

Une autre classe est déjà dans la ☐ course ☐ courte ☐ cour du collège.

Nicolas a envie de / d' ☐ avoir court ☐ avoir cours ☐ faire les courses aussi.

Bientôt, c'est la ☐ cour ☐ court ☐ course contre la faim.

Il y[1] participe avec son club de sport.

Pendant cette ☐ cours ☐ courte ☐ course, il va rencontrer d'autres garçons et filles

qui aiment aussi la ☐ court ☐ cour ☐ course et qui ☐ court ☐ courent ☐ cours peut-être plus vite que[2] lui.

Et la piste ne va pas être ☐ court ☐ courte ☐ cour: sept kilomètres. Enfin, ça sonne!

Maintenant, c'est une autre ☐ course ☐ cours ☐ cour, la ☐ course ☐ cours ☐ cour contre la faim:

les élèves quittent vite le ☐ cours ☐ court ☐ cour d'anglais pour arriver les premiers[3] à la cantine.

Quelle[4] ☐ court ☐ course ☐ cour!

---

1 y *hier: daran;* ***2 plus vite que …*** *schneller als;* ***3 les premiers*** *als erste;* ***4 Quel / Quelle / Quels / Quelles …*** *Was für ein / eine…! (Ausruf)*

Grammaire: Grand-père raconte.

Grand-père raconte comment il a trouvé un nouvel ami.

*Lis le texte et mets les verbes à la forme correcte de **l'imparfait** ou du **passé composé**.*

– Quand j'(avoir) ______________________ ton âge, mes parents et moi, on (déménager) ______________________ de Montélimar, une petite ville en province, à Paris.
A Montélimar, il y (avoir) ______________________ tous mes copains,
et j'(aimer) ______________________ surtout notre jolie maison avec le grand jardin.
A Paris, tout (être) ______________________ différent. On (habiter) ______________________
dans un petit appartement de trois pièces. Je / J' (devoir) ______________________ aller dans
un nouveau collège. Là, je ne (connaître) ______________________ personne.
Les premiers jours, mes camarades de classe (ne pas parler) ______________________
avec moi parce qu'ils (trouver) ______________________ mon accent[1] bizarre.
Puis, un jour, ma classe et moi, on (visiter) ______________________ les catacombes.
Devant l'entrée, quelqu'un (essayer) ______________________ de voler le sac de Louis.
Toute la classe (crier) ______________________: «Au voleur! Au voleur![2]»
Moi, je / j' (ne pas réfléchir) ______________________, je / j' (courir) ______________________
après le voleur. Et le voleur (laisser) ______________________ tomber le sac.
Louis (dire) ______________________: «Merci, tu es le meilleur!»
Et il me / m' (donner) ______________________ son sandwich.

***1 un accent** ein Akzent; **2 Au voleur!** Haltet den Dieb!*

Vocabulaire: Le mot perdu.

Quel est le mot français qui correspond aux expressions suivantes? Attention, il y a des mots qui ne vont pas avec ces expressions. (Welches Wort auf Französisch passt zu den Ausdrücken in 1.–4.? Achtung: Jedes Wort darf nur einmal verwendet werden und es sind Wörter dabei, die nicht zu den Ausdrücken passen.)

normalerweise	zögern	fühlen / riechen	um jdn. / etw. herum
klopfen / schlagen	streicheln	zurückgeben	annehmen

1. ______________
- chat
- les cheveux d'un enfant
- la main de qn

2. ______________
- bon
- qu'un ami est triste
- une copine au bord des larmes

3. ______________,
- c'est lui le meilleur en maths.
- il prend le bus pour aller à l'école.
- elle mange beaucoup, mais aujourd'hui, elle n'a pas faim.

4. ______________
- à la porte
- qn à la tête
- dans les mains

Klettbuch 622109 Découvertes 3, Série jaune, Sesam

U 3 KA-Nr.: Name: Datum: Kl./Kurs: L-Krzl.:

Grammaire: Samedi matin chez les Arnault

Samedi matin, toute la famille Arnault est à la maison. Il y a beaucoup de choses à faire. Les parents s'occupent de tout.

A *Regarde les petites images et lis les phrases.*
Puis, complète les questions et les réponses.
Utilise ***les verbes pronominaux*** *suivants:*
se laver, s'habiller, s'occuper, s'informer,
se reposer, se disputer*.* *Attention au temps indiqué.*

1. – Est-ce que vous ______________________________,

les enfants? *(passé composé)* Le petit-déjeuner est prêt …

– Oui, maman, nous ______________________________

______________________________, nous arrivons dans cinq minutes!

2. – Pauline, tu ______________________________? *(passé composé)*

– Non, maman, je ______________________________ encore

______________________________, je n'ai rien à me mettre!!!

3. – Est-ce que quelqu'un ______________________________ du chat?

Il ne se sent pas bien aujourd'hui …

– Oui, Jean-Luc ______________________________.

4. – Pour le cinéma ce soir, est-ce que vous ______________________________

______________________________ *(passé composé)* sur Internet?

– Oui, nous ______________________________

sur Internet. Le film commence à 21 heures.

5. – Où est mamie? Elle ______________________________ encore?

Je veux faire les courses avec elle.

– Oui, regarde, elle et Oscar ______________________________

ensemble!

6. – Qu'est-ce qu'il y a, les garçons? Est-ce que vous ______________________________

______________________________? Allez, il faut ranger vos chambres!

– Non, on ne ______________________________ pas.

Euh, maman, on va ranger nos chambres demain …

B *Lis les phrases suivantes, puis choisis le verbe pronominal qui va avec le contexte.*
Ensuite, complète les phrases. Mets les verbes ***à la forme correcte du passé composé.***

se disputer	se sentir	ne pas se dépêcher	se cacher	se dire	se réveiller	s'habiller	se lever

1. Il est tard. Jean-Luc a joué avec le chat, il ______________________________.

2. Ce matin, mamie et papi ______________________ malades, alors ils sont restés au lit.

3. Les garçons devaient sortir le chien[1], mais ils ______________________________ pendant une demi-heure!

4. – Où est Minou? Ah ce chat, il __________ encore __________ sous le lit de Pauline!

5. – Ecoute, Pauline, tu ______________________ comme un clown! On ne va pas au cirque!

6. Mme Arnault à son mari: «Pendant la nuit, je ______________________________ à trois heures parce que j'ai entendu un bruit bizarre. M. Arnault: «Moi aussi je l'ai entendu.»

7. Mme Arnault: «Et tu ______________________?»

8. M. Arnault: «Non, je ________________: c'est Minou qui fait une promenade[2] dans le jardin.»

---

1 sortir le chien *den Hund „Gassi" führen;* ***2 une promenade*** *ein Spaziergang*

Grammaire: «Le collège ne m'intéresse pas!»

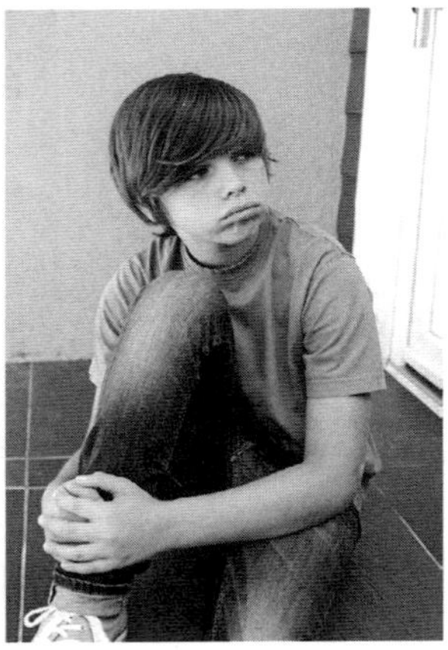

Mathéo a de mauvaises notes en maths, en français et en anglais.
Son père n'est pas content ...

Lis le dialogue, puis complète-le avec ***ce qui*** *ou* ***ce que.***

Le père: Ecoute, Mathéo, __________ m'énerve, c'est que tu ne travailles pas au collège. Je me demande __________ tu as fait pendant cette année. J'en suis très inquiet. Tu sais __________ va se passer à la fin de l'année?

Mathéo: Oui, je sais, papa, je vais redoubler[1] la classe.

Le père: __________ je ne comprends pas, c'est que tes notes au collège ne t'intéressent pas du tout ...

Mathéo: __________ nous faisons au collège ne me fascine pas. Et, __________ on apprend à l'école ne va servir à rien plus tard.

Le père: Tu crois? Je voudrais savoir __________ te fascine. Je te demande aussi __________ tu veux faire plus tard ...

Mathéo: Je ne sais pas __________ je veux faire plus tard, mais je sais très bien __________ je ne veux pas faire maintenant!

Le père: Ah bon?

Mathéo: Je veux faire __________ me plaît, et __________ les profs nous proposent ne me plaît pas.

Le père: Dis-moi __________ te plaît alors ...

Mathéo: Arrête, papa ...

Le père: Mathéo, je n'aime pas tes mauvaises notes et je n'aime pas __________ tu dis ...

---

1 redoubler *wiederholen*

Grammaire: A la cantine de l'hôpital Saint-Jean

A midi, les médecins de l'hôpital Saint-Jean se retrouvent dans la cantine.

*A l'aide des éléments donnés, forme quelques phrases de leur conversation. Utilise **être en train de faire** ou **venir de faire**.*

– Oh, j'arrive tard. / Vous / déjà / manger?

– Euh, oui, / nous / commencer. Tu / opérer[1] / la petite fille qui a eu un accident, ce matin?

– Oui. Maintenant / elle / dormir et deux infirmières / s'occuper d'elle.

– Je / lire un article dans «Le monde médical» que j'ai trouvé intéressant: ils / faire de nouvelles recherches sur la malaria[2] maintenant. Ils / toujours / chercher un vaccin.

C'est important pour le docteur Brunet: il / rentrer d'un séjour[3] en Haïti. Depuis sa rentrée, il est toujours au bureau: il / écrire un article sur son travail là-bas

***1 opérer qn** jdn. operieren; **2 la malaria** die Malaria (Tropenkrankheit); **3 un séjour** ein Aufenthalt*

U 3 KA-Nr.: Name: Datum: Kl./Kurs: L-Krzl.:

Vocabulaire: Les métiers

Pour le site Internet de leur collège, Pauline et Aziz veulent créer un espace[1] avec des informations sur les métiers. On clique sur un métier et des documents s'ouvrent: voilà des textes, des photos et des vidéos. Les deux élèves ont déjà trouvé des petites images pour les métiers, mais ils n'ont pas encore écrit les noms des métiers et ils veulent prendre des notes pour les textes.

A *Ecris les noms des métiers à la forme masculine et féminine pour Pauline et Aziz.*

1

2

3

4

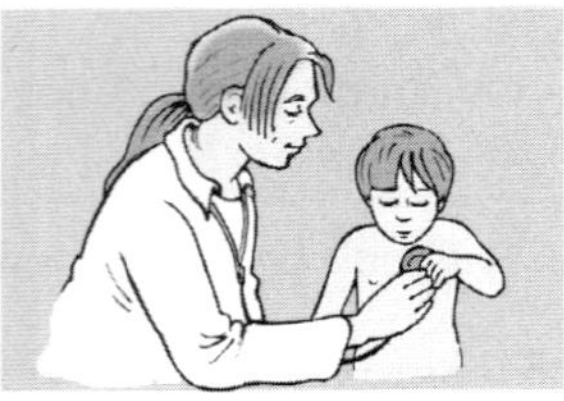

5

6

7

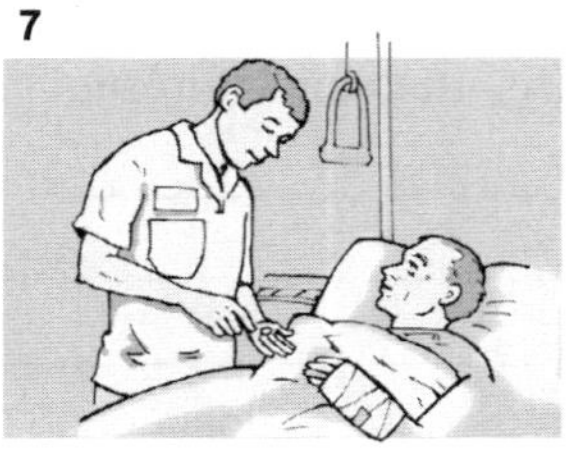

8

B *Maintenant, note les mots et expressions qui sont utiles[2] pour décrire ces métiers.*
Ecris des phrases avec ces éléments.

1.

2.

3.

4.

5.

6.

7.

8.

***1 un espace** hier: ein Platz auf der Internetseite;* ***2 utile** nützlich*

Grammaire: On arrive à Tours.

Tours et le pont *Wilson* sur la Loire.

Un groupe d'élèves allemands vient d'arriver à Tours.
M. Berthier, le professeur d'allemand de la classe partenaire française, leur explique le programme des prochains jours.

*Lis le texte, puis complète-le avec les formes correctes des verbes au **futur simple**.*

– Bienvenue à Tours! Voici le programme de votre séjour chez nous.
Demain matin à 9 heures, nous (se retrouver) nous retrouverons dans la cour. Il y (avoir) aura un rallye pour vous. Vous (découvrir) découvrirez la ville. Vous (voir) verrez, Tours est très jolie.
A midi, vous (manger) mangerez avec vos correspondants à la cantine du collège.
Le soir, je vous (attendre) attendrai devant l'hôtel de ville à 19 h 45.
Vous (devoir) devrez être à l'heure, car vous (rencontrer) rencontrerez le maire[1] de Tours et on (boire) boira un pot de l'amitié[2] ensemble. Jeudi, vous (avoir) aurez cours avec vos correspondants jusqu'à 16 heures. Vendredi, on (aller) ira à Villandry et on (visiter) visitera le château. Vos correspondants (venir) viendront avec vous. Mais attention, il (faire) fera mauvais et il (pleuvoir) pleuvra peut-être. Il (falloir) faudra prendre vos vestes avec vous.
Le week-end, vous (être) serez dans vos familles et vous (faire) ferez sûrement des sorties avec elles. Vous (pouvoir) pourrez par exemple faire du vélo au bord de la Loire ou visiter la jolie ville de Saumur. J'espère que votre séjour à Tours vous (plaire) plaira.

Grammaire: Aude et Claire parlent des garçons.

Pendant l'échange, Aude et Claire parlent des garçons allemands et les comparent …

*Lis le texte, puis complète-le avec les adjectifs au **comparatif (+; –)** ou **à l'expression de l'égalité (=)** ou au **superlatif (++; – –)** et avec les **pronoms personnels disjoints** corrects (_ _ _ _ _ _ _ _).*

Aude: Claire, regarde, ces garçons qui jouent au foot. Qui est le garçon (++ mignon) ______________ ______________ à ton avis?

Claire: _ _ _ _ _ _ _ _, j'aime les garçons sportifs. Tu vois ce garçon-là? Il s'appelle Michael.

Aude: Mais non, c'est Benedikt. Michael, c'est _ _ _ _ _ _ _ _, là-bas.

Claire: Ah bon? Donc c'est Benedikt. En foot, il est (+ bon) ______________ les autres. Je le trouve génial. Et _ _ _ _ _ _ _ _? Qu'est-ce que tu penses?

1 un maire *ein Bürgermeister;* **2 un pot de l'amitié** *ein Begrüßungumtrunk*

Aude: Bof! Je trouve qu'il est (= beau) ______________________________ les autres. A mon avis, Emil, le copain de ma correspondante Mia, est (++ bon) ______________________________ du groupe. Il est sympa et beau ...

Claire: Tu vois le garçon là-bas? Il est (– fort) ______________________________ les autres et à mon avis, il est aussi un peu (+ vieux) ______________________________ les autres garçons.

Aude: Ah, je le connais. C'est Fritz, le correspondant de Julien. C'est aussi le garçon (– – sympa) ______________________________ du groupe, je trouve.

Loïc, un des garçons, arrive.

Loïc: Salut, les filles. On va rentrer maintenant. Et _ _ _ _ _ _ _ _ _ _ _? Qu'est-ce que vous faites?

Aude: Qui? _ _ _ _ _ _ _ _ _ _ _? Rien. On a juste parlé ... Je pense qu'on va rentrer aussi.

Vocabulaire / Vis-à vis: Chez les Lambert

Michael passe sa première soirée chez son correspondant Loïc. Tout le monde est en train de discuter. M. et Mme Lambert, les parents de Loïc, n'aiment pas trop comment Loïc parle.

Lis le texte et trouve les expressions qui manquent.

Loïc: Michael, tu connais cette nana, la corres d'Aude?

Mme Lambert: Mais Loïc, Michael ne va pas comprendre. Ecoute, Michael, en français familier, une nana est ______________________.

Michael: D'accord, j'ai compris.

Loïc: Tu sais, pour «j'ai compris», tu peux aussi dire en français familier j'ai ______________________.

Michael: Donc qu'est-ce que tu voulais me raconter sur cette nana? Elle s'appelle Mia, d'ailleurs[1].

Loïc: Je pense qu'Hugo la kiffe.

Michael: Comment? Je ne comprends pas! Il prend des drogues[2]?

Loïc: Mais non! Pourquoi tu dis ça?

Michael: C'est qu'en allemand, «kiffen», ça veut dire «prendre des drogues».

Mme Lambert: Tu vois, Loïc, il faut parler correctement[3] avec Michael. «Kiffer une meuf», c'est la langue des jeunes. En français standard, ça veut dire ______________________________.

Loïc: Arrête, maman, ne me corrige[4] pas tout le temps, c'est trop la honte.

M. Lambert: Loïc veut dire que c'est ______________________________ pour lui quand sa mère le corrige devant toi, Michael.

Loïc: Papa! On peut enfin commencer à manger? J'ai la dalle.

Michael: Là, j'ai compris. Loïc veut dire qu'il ______________________________, non?

Loïc: Vous voyez, il apprend vite, ce keum. Alors, papa, maman, il est où, votre blème?

M. et Mme Lambert: Loïc!!

Loïc (rit): Pardon! Euh, en français correct, un keum, c'est ______________________ et un blème, c'est ______________________, bien sûr.

1 d'ailleurs *übrigens;* **2 une drogue** *eine Droge;* **3 correctement** *(adv.) richtig, korrekt;* **4 corriger** *verbessern, korrigieren*

Vocabulaire / Vis-à-vis: Michael se débrouille.

A *Regarde les dessins. Puis, note la phrase que Michael peut dire dans cette situation. Il faut savoir que Michael est un garçon très poli.*

1

Michael: ______________________

____

____

2

Michael: Oui …, ______________________

____

____

3

Michael: ______________________

____

____

4

Michael: Oui, ______________________

____

____

B *D'après le modèle de la partie **A**, note en phrases complètes ce que Loïc propose et ce que Michael peut dire dans les situations suivantes.*
*(Nach dem Muster der Dialoge des **A**-Teils, schreibe in vollständigen Sätzen auf, was Loïc vorschlägt und was Michael in folgenden Situationen zu Loïcs Vorschlägen sagen kann.)*

1. Loïc, le correspondant de Michael, propose une activité au centre-ville.

Loïc: ______________________ *Michael:* ______________________

______________________ ______________________

______________________ ______________________

2. Michael veut jouer à un jeu vidéo sur l'ordinateur de Loïc.

Michael: ______________________ *Loïc:* ______________________

______________________ ______________________

______________________ ______________________

Vocabulaire: Bienvenue à Munich[1]!

Frauenkirche (la cathédrale Notre-Dame)

Un groupe d'élèves français vient d'arriver à Munich. Leur professeur d'allemand, M. Roux, leur explique le programme des prochains jours.

Lis le texte, puis choisis le mot ou l'expression correct(e) dans le tableau.
Transpose-le / -la en français et complète le texte.
N'oublie pas de mettre l'article défini ou indéfini où il le faut et de mettre la bonne forme des verbes.
(Lies den Text und wähle dann aus der Tabelle das richtige Wort oder den richtigen Ausdruck aus. Übertrage es / ihn ins Französische und ergänze den Text. Vergiss nicht, den bestimmten oder unbestimmten Artikel zu setzen, wo es nötig ist.)

Wettervorhersage	Fluss	Kirche	Schloss	Aufenthalt	regnen
Austauschpartner	Grad	Sonnenbrand	vermeiden	bedeckt	berühmt
dämlich *(fam.)*	höflich	sicherlich	rechtzeitig	ungefähr	bis

– Bienvenue à Munich! Voici le programme de notre ____________________ en Bavière[2].
Demain matin, pendant que vos ________________________________ auront cours,
on va visitera ____________________ la plus ____________________ de Munich: la Frauenkirche.
On se retrouvera au collège à 8 heures du matin. ______________ n'est pas bonne pour demain.
Le ciel sera __________________ et il ____________________ peut-être.
Il aura ______________ 12 ______________. Vous ne risquez donc ______________
pas d'avoir __________________________! La visite va durer[3] ____________________à midi.
Essayez d'être là __________________________. Vendredi, on va faire une promenade au bord
du __________________ Isar. Le week-end, vous ferez des sorties avec vos familles, par exemple
visiter __________________ de Nymphenburg ou l'Allianz Arena où joue le Bayern de Munich[4].
Soyez[5] ________________ et __________________ de faire des choses ________________.

Nymphenburg, vu du parc

1 Munich *München;* **2 en Bavière** *in Bayern;* **3 durer** *dauern;* **4 le Bayern de Munich** *der FC Bayern München;* **5 soyez** *seid*

Grammaire: Un exposé, c'est facile à faire (?)

Dans la cour du collège, les élèves discutent des exposés qu'ils ont à faire sur la francophonie.

A *Lis le texte.* ***Adjectif ou adverbe****?*
Choisis dans le tableau le mot qui va ***avec le contexte*** *et complète la phrase.*
Utilise la catégorie grammaticale correcte.
(Verwende ***die richtige Wortart****.)*

heureux	content	normal	simple	bon (3x)	long (2x)	difficile
poli	vrai	gentil	gratuit	facile	sûr	mauvais

Patrick: Dites-moi, les copains, vous avez commencé à préparer votre exposé?
Je trouve que c'est ______________________ …

Marceline: Oui, c'est vrai. J'ai ______________________ fait des recherches sur Internet,
mais je ne suis pas ______________________ de ce que j'ai trouvé.

Loïc: Moi, j'ai de la chance. Je suis ______________________ allé voir un voisin
qui vient du Maroc. Je lui ai ______________________ posé des questions sur son pays,
et il m'a ______________________ répondu. Il est ______________________ sympa.
Il m'a invité à boire un thé[1] chez lui. Le thé était très ______________________.
Il m'a ______________________ parlé du Maroc. Et il m'a donné une adresse où je peux avoir
des informations et des affiches ______________________.
Maintenant, ça va être ______________________ de faire mon exposé.

Marceline: Il parle ______________________ le français, ton voisin?

Loïc: Oui, bien sûr. ______________________, à la maison, ils parlent le tamazight, mais presque
toute la famille parle très ______________________ le français, sauf[2] le père, il le parle encore
______________________. ______________________ que mon voisin est Marocain.
Et je vais ______________________ le revoir bientôt.

B *Leur discussion continue. Lis la suite du texte et complète avec les* ***adverbes*** *au* ***comparatif (+; –)*** *ou* ***à l'expression de l'égalité (=)*** *ou au* ***superlatif (++; – –)****.*

Marceline: Je pense à Nadia qui vient de la Martinique. Elle peut faire son exposé
(++ facile) ______________________ du monde!
La famille y va (++ souvent) ______________________ possible.
Elle connaît (+ bien) ______________________ les Antilles ______________________ notre prof!
Ce n'est pas juste, je trouve …

Loïc: Même si on n'est pas du pays, on peut le présenter (= bien) ______________________
les autres élèves, non?

Patrick: Oui, c'est sûr, mais on peut (– bien) ______________________ s'imaginer la vie dans
un pays qu'on ne connaît pas. Un exemple: Joël ne voyage jamais, il ne connaît pas d'autres pays, et
avec toutes les recherches qu'il doit faire sur Internet, il travaille (– – vite) ______________________
______________________ de nous tous!

1 un thé *ein Tee;* ***2 sauf*** *außer*

Grammaire: Rencontres à l'aéroport[1]

Des gens se rencontrent à l'aéroport …

*Lis les dialogues, puis complète-les avec les **prépositions**, les **articles** et les **pronoms y** et **en**.*

1. *Un monsieur:* Ah bonjour, Monsieur Leblanc.
Vous allez certainement _______ Canada pour voir votre mère?
Monsieur Leblanc: Non, je reste _______ France, j'attends ma mère qui arrive _______ Québec.
Mais je vais _______ aller l'année prochaine avec mes enfants.

2. *Un jeune homme*: Salut, Ahmed. Quelle surprise de te voir! Tu pars où?
Ahmed: Je ne pars pas. Je reviens _______ Algérie. J'_______ suis né, tu sais.
Parfois, j'_______ vais pour voir ma famille.

3. *Une dame:* Excusez-moi, madame, vous allez aussi _______ Montréal avec Air France?
Une autre dame: Non, j'arrive _______ Montréal. Je cherche le bus pour aller _______ ville.

4. *Un garçon:* Salut, Marie. Tu vas _______ Antilles avec tes parents? Vous _______ passez les vacances? Nous, on _______ revient. C'est super là-bas. On va _______ retourner l'année prochaine.
Marie: C'est vrai, nous allons _______ Martinique. Je sais que c'est super, j'_______ suis déjà allée, ma grand-mère _______ habite.

5. *Une dame:* Regarde l'affiche, chéri: le Maroc, j'_______ pense, j'_______ rêve, j'_______ vais!
C'est une bonne idée, tu ne trouves pas? On va _______ parler après ton retour, d'accord?

Grammaire: Vivre entre deux pays

La famille Yahoui est marocaine, elle vit en France.

*Lis le texte. **Vivre** ou **mourir**? Choisis le bon verbe et complète le texte avec les bonnes formes au présent. Attention aux autres temps indiqués entre parenthèses.*

Les Yahoui ____________________ en France depuis très longtemps. Le père est né au Maroc. Il ____________________ *(p. c.)* quelques années au Portugal, plus tard, il est allé à Marseille où il ____________________ maintenant avec sa famille. Madame Yahoui est Marocaine aussi, ses parents et ses frères et sœurs ____________________ encore à Marrakech. Malheureusement, le grand-père ____________________ *(p. c.)* et la grand-mère est très malade. Le médecin dit qu'elle ____________________ *(futur)* bientôt. Mme Yahoui est triste. Elle dit:
– Tous les jours, je ____________________ avec la peur de perdre ma maman. C'est loin, le Maroc. Si elle ____________________, je ne peux pas être près d'elle. Je ____________________ d'envie de retourner au Maroc pour y ____________________. Les enfants des Yahoui, eux, n'ont jamais ____________________ *(participe passé)* au Maroc. Ils disent:
– Nous ____________________ en France, nous y ____________________ (futur) toujours, et nous y ____________________ *(futur)* un jour! Le Maroc, c'est pour les vacances.

***1 un aéroport** ein Flughafen*

Vocabulaire / Ecrire: Je parle de ma région.

Niklas participe à l'échange scolaire franco-allemand. Quand il est au collège avec son correspondant français, la prof d'allemand lui propose de faire un exposé sur sa région d'Allemagne. Niklas connaît bien sa région, mais il manque de vocabulaire en français. Alors, il prépare des cartes avec les mots et expressions dont il aura besoin (die er brauchen wird).

A *Aide-le et trouve au moins 4 mots ou expressions pour chaque catégorie. Puis écris au moins trois phrases avec ces mots / expressions.*

la nature	le climat	la géographie

la culture	la vie à la campagne	l'économie

Toujours au collège avec son correspondant, Niklas ne comprend rien au cours d'histoire-géo. Pourtant, le sujet, le Québec, l'intéresse. Le soir, à la maison, il prépare le vocabulaire pour mieux comprendre le prochain cours d'histoire-géo et pour en parler dans son blog.

B *Aide-le encore et trouve au moins 4 mots ou expressions pour chaque catégorie. Puis écris-en au moins 3 phrases.*

la nature	la langue / la culture	la musique

____

____

____

____

____

Vocabulaire / Vis-à-vis: Mais qu'est-ce que ça veut dire?

Chloé parle avec sa cousine québécoise, Arielle, au téléphone. Mais parfois, les deux jeunes filles ne comprennent pas certains mots!

Lis le dialogue, puis complète-le avec les mots français ou québécois qui manquent.

Chloé: Ecoute, en ce moment, il y a des prix intéressants. Ce samedi, je vais faire du shopping, maman m'a donné de l'argent …

Arielle: Ah, tu veux dire que tu vas ______________________. Tu y vas avec ta mère ou avec tes chums?

Chloé: Chums, mais qu'est-ce que ça veut dire?

Arielle: Chum, c'est «______________» en français.

Chloé: C'est bizarre … parfois, vous au Québec, vous avez des mots français et nous, en France, on utilise des mots anglais. Parfois, c'est l'inverse[1]. Et toi, qu'est-ce que tu vas faire ce week-end?

Arielle: Tu veux dire cette ______________________________? Je ne sais pas encore, mais au centre-ville, c'est toujours l'fun …

Chloé: Là, c'est un mot anglais. Nous, en français standard, on dit: ______________________.

Arielle: Pardon, maman m'appelle pour manger, elle a préparé un chien chaud pour moi … euh, un ________________ pour les Français.

Chloé: Alors, bon appétit!

Arielle: Salut!

1 c'est l'inverse *das ist umgekehrt*

Grammaire: Toujours les mêmes questions!

Fouad et sa sœur Nadia rentrent très tard chez eux.
Leurs parents ne sont pas du tout contents …

Lis d'abord les dialogues, puis ***transforme les questions:*** *utilise les formes de* ***l'interrogation par inversion partout où c'est possible****. Ecris les questions transformées.*

Fouad: Papa, maman! Coucou, je suis rentré! Et Nadia est là aussi!
1. *Le père:* Ah enfin! Pourquoi est-ce que vous rentrez aussi tard?
Est-ce que vous savez que votre mère s'inquiète?
2. *Nadia:* Ah bon? Oh, mais depuis quand est-ce qu'elle est là? Je croyais qu'elle était en voyage!
3. *La mère:* Mais où est-ce que vous avez la tête? Je suis rentrée cette nuit!
Est-ce que vos parents sont importants pour vous?
4. *Fouad:* Mais maman, bien sûr! Comment est-ce que tu peux nous demander cela?
5. *Le père:* Assez! Où est-ce que vous étiez ce soir?
6. *Nadia:* Mais en ville avec nos corres allemands, c'est tout. Qu'est-ce que vous voulez savoir d'autre?
7. *La mère:* Ah bon, et pourquoi est-ce que vous ne pouviez pas nous téléphoner?
Est-ce que vous n'avez plus de portable?
Fouad: Si, pardon, maman! Bon alors, demain soir, on reste ici, c'est promis.
Nadia: Oui, promis[1]!
9. *Le père:* Oh, à qui est-ce que tu le dis?! Comment est-ce que nous pouvons vous croire?
Je vous connais trop bien, allez vous coucher. Bonne nuit!
10. *Fouad:* Et vous, qu'est-ce que vous faites maintenant?
11. *Le père:* Nous, on va sortir boire un verre, c'est notre tour! Hein, ma chérie, qu'est-ce que tu en penses?
La mère: En voilà une bonne idée!

1 promis! *Versprochen!*

Grammaire: Projet de vacances

C'est le dernier jour de classe. Un groupe de filles discute à la sortie du lycée. Antoine, un de leurs camarades, vient vers elles.

*Lis le dialogue, puis pose des questions avec **qui est-ce qui / qui est-ce que; qu'est-ce qui / qu'est-ce que.***

– Ah salut, les filles! Enfin les vacances! Moi je vais rester ici, et vous,

______________________________ vous allez faire de beau cette année?

– On va partir dans le Sud faire du camping.

– Ah bon? Et ______________________________ vous a donné cette idée-là?

– C'est notre grand cousin, il habite Marseille.

– Et ______________________________ il fait là-bas?

– Il travaille au MuCEM. Et toi, ______________________________ t'a donné envie de rester ici?

– Je n'ai plus d'argent, ______________________________ tu veux, les voyages, ça coûte cher!

______________________________ va vous payer vos vacances?

– Mais NOUS, ______________________________ tu crois!

– Et ______________________________ vous allez voir à Marseille? Juste le grand cousin?

– Mais non, on va sûrement rencontrer des types sympas, mais enfin, ______________________________ te dit qu'on ne va rencontrer personne d'autre?

– OK, OK, et ______________________________ vous allez faire maintenant?

– On part voir quelqu'un.

– Et ______________________________ vous allez voir? Je peux savoir?

– Toi, tu es vraiment curieux … mais bon … on va voir des copains, ils n'habitent pas loin d'ici.

Salut! Bonnes vacances!

Grammaire: La bonne débrouille[1]

Sylvie est en train de chatter avec deux copines, Isabelle et Sophie. Elle leur envoie ce qu'elle a lu sur le blog de Laurel, un garçon qui pense qu'il est plus malin[2] que les autres. Mais est-ce bien vrai?

Lis d'abord le dialogue entre les trois filles et ce que Laurel a écrit dans son blog.

Sylvie: Salut les filles! Vous connaissez Laurel …! Regardez ce que j'ai trouvé sur son blog, lisez ce qu'il a écrit:

> Je m'appelle Laurel, vous savez, moi, je suis le plus malin de la classe, je trouve toujours des solutions à tous les problèmes.
> Hier, j'ai caressé le gros chien dangereux de mon prof de maths.
> Pendant les grandes vacances, j'ai fait un voyage en France qui m'a coûté très cher, j'ai tout payé tout seul.
> Je n'ai qu'une vieille caméra, mais j'ai quand même gagné un prix pour le meilleur film sur Marseille.
> Dans 15 jours, je vais participer à un jeu vidéo qui est normalement pour les jeunes de 18 ans!
> Et le plus cool: Maintenant, je sors avec la plus belle fille de ma classe, mais avant, elle ne m'aimait pas!!

Sylvie: Alors??? C'est vrai ce qu'il raconte? Vous en pensez quoi?
Sophie: Ça alors! Ce n'est pas vrai! Laurel n'a pas caressé un gros chien, mais **un tout petit**. **Mon frère** était là et a caressé le gros chien parce que Laurel en avait peur!
Isabelle: Et moi, je sais que **les grands-parents** ont payé tout son voyage. Il me l'a dit hier dans la cour.
Sophie: Et **moi** j'ai gagné le prix pour le meilleur film sur Marseille. Pas Laurel!
Isabelle: Et l'histoire du jeu vidéo pour les jeunes de 18 ans! Il va avoir 18 ans **dans un mois**. Hier, **sa sœur Elise** nous l'a dit. Elle connaît bien sûr la date de son anniversaire!
Sylvie: Et la fille?
Sophie: La fille? Tout le monde sait que **cette fille** est amoureuse de Laurel depuis toujours!
Sylvie: C'est vraiment un menteur[3]. On va lui répondre sur son blog, vous allez voir.

*Formule la réponse des trois filles: transforme les mots soulignés avec les formes correctes de **la mise en relief c'est ... qui / que**. Attention aux mots en caractères **gras**!*

> Salut, Laurel, on a lu ton blog, tu es vraiment un gros menteur!
> ____
> ____
> ____
> ____
> ____
> ____
> ____
> ____
> ____
> ____
> ____
> ____
> ____
> ____!

*1 **la bonne débrouille** (fam.) der Trick, mit dem man immer durchkommt (ugs.); 2 **malin, maligne** schlau / pfiffig; 3 **un menteur** ein Lügner*

M 1 KA-Nr.: Name: Datum: Kl./Kurs: L-Krzl.:

Vocabulaire: Marseille, capitale culturelle 2013

Un groupe d'élèves allemands va partir pour Marseille.
Le professeur de français présente la ville pour préparer la visite.

Lis le texte, puis choisis le mot ou l'expression correct(e) dans le tableau. Traduis-le / -la en français et complète le texte.

MARSEILLE-PROVENCE 2013
CAPITALE EUROPÉENNE DE LA CULTURE

Kultserie	Einwohner	Insel	Mittelmeer	ganz	kennen
Kreuzung	Höhle	Besucher	Zeichnungen	Schloss	berühmt
Bucht	europäisch	Felsen	Hafen	lang	sich abspielen

– Comme vous le savez, cette année, nous partirons en voyage scolaire à Marseille.
C'est une très belle ville qui compte environ 850 000 d'______________________________.
C'est la deuxième ville de France, elle se trouve au ___________________________ de l'Europe et de la ___________________________.
En 2013, il y a eu encore plus de ___________________________, car cette année-là, Marseille a été la capitale ___________________________ de la culture.
Bien sûr, nous allons nous promener sur la ___________________________ avenue de la Canebière, elle est ______________________ d'un kilomètre! Nous irons jusqu'au Vieux-______________________ où nous pourrons prendre le bateau pour visiter le ___________________________ d'If qui est sur une petite ___________________________ entourée[1] de ___________________________.
De là, on peut mieux voir la mer et les jolis bateaux dans la ___________________________.
Si cela vous intéresse, nous pouvons aussi faire un tour près de la ___________________________ Cosquer où des scientifiques du monde ___________________________ sont venus étudier les magnifiques ______________________________________ vieilles de 19 000 ans.
Est-ce que vous ___________________________ «Plus belle la vie», cette ______________________ ______________________ qui plaît à beaucoup de Français? Non? Alors vous ne savez pas que l'histoire ___________________________ à Marseille. Peut-être aurons-nous la chance de voir le tournage[2].

1 entouré(e) de *umgeben von;* **2 le tournage** *die Dreharbeiten*

M 1 KA-Nr.: Name: Datum: Kl./Kurs: L-Krzl.:

Vocabulaire: Le mot juste

Quel est le mot qui correspond le mieux aux expressions suivantes dans ce contexte? Choisis-le dans le tableau et transforme-le en français. Attention: il y a des mots qui ne vont pas avec ces expressions. Trouve les intrus.

Herstellung	spazieren gehen	unvorsichtig	einsammeln	Fotoapparat	Bau
Fabrik	Gezeiten	Gewinner(in)	Geheimnis	Bucht	digital

1. ______________________ des vieux papiers.
le ballon d'un enfant.
des coquillages.

2. ______________________ sur l'avenue.
sur la plage.
dans une région.

3. ______________________ c'est un endroit où travaillent beaucoup de gens.
c'est un endroit où on fabrique quelque chose.
c'est un endroit où les gens gagnent parfois peu d'argent.

4. ______________________ d'un bateau.
de l'Europe.
d'un nouveau port.

5. ______________________ d'une série télé.
d'un jeu à l'école.
d'un prix international.

6. ______________________ de fromages.
de galettes.
d'un nouveau film.

7. ______________________ de la grotte Cosquer.
d'un vieux château.
d'une famille disparue.

8. ______________________ haute.
basse.
montante.

Vocabulaire: Quiz sur la France: je m'y connais!

Notre petit voyage dans quelques régions de la France arrive à sa fin. Maintenant, tu es devenu(e) un(e) vrai(e) expert(e)!

Fais un petit résumé de ce que tu sais sur la France. Lis le texte et complète les phrases avec le mot correct.

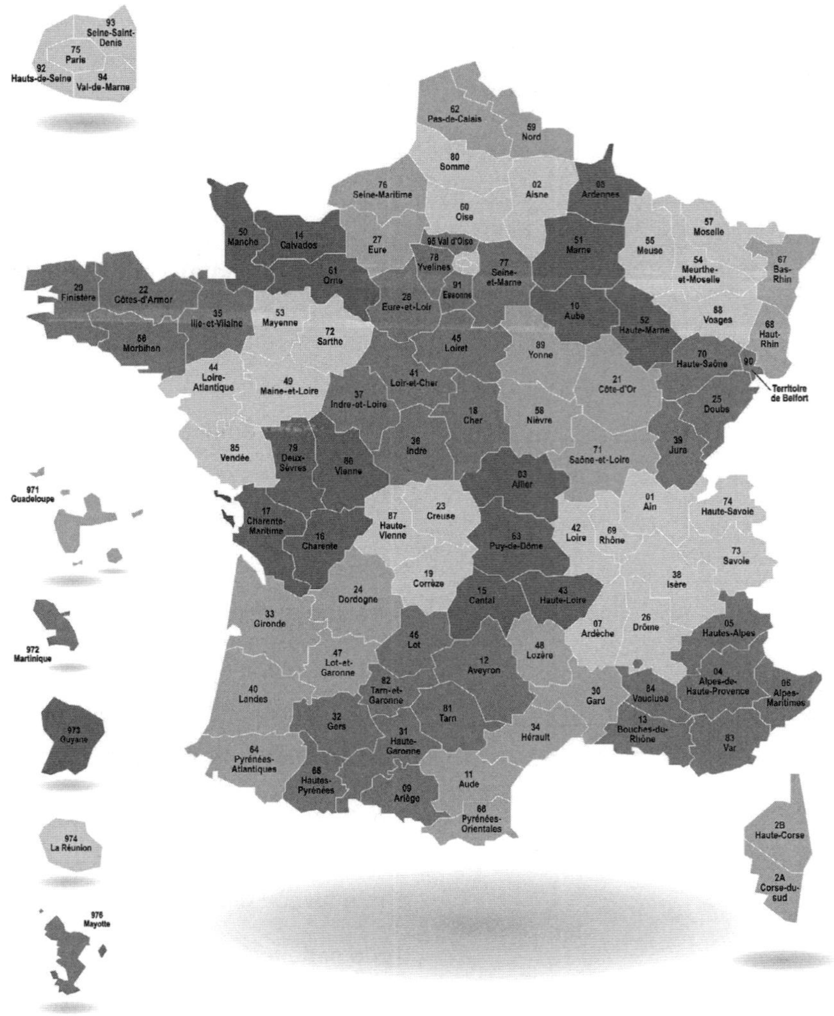

1. La France a la forme d'______________________________.

2. Dans la France administrative, il y a 101 ______________________________,
22 ______________________________ en métropole et 5 ______________________________.

3. En Normandie, on visite l'____________________ du ______________________________.

4. Marseille est une grande ville au ______________________________ de l'Europe et de la ______________________________. C'est une ville vraiment ______________________________ qui existe depuis ____________________.

5. La ______________________________ est une célèbre avenue à Marseille.

6. La grotte Cosquer est connue pour ses belles ______________________________ d'animaux.

7. Le début du roman d'Alexandre Dumas «Le Comte de Monte-Cristo» se déroule au ______________________________ qui se trouve près de Marseille.

8. Dans le Massif central se trouve le Puy de Dôme qui est un vieux ______________________________.

9. Cette région s'appelle l'______________________________ avec sa plus grande ville, ______________________________.

10. Chez Michelin, on fabrique des ______________________________.

M 2 KA-Nr.: Name: Datum: Kl./Kurs: L-Krzl.:

Grammaire: S'engager, c'est impératif[1]!

Marthe et sa sœur Isabelle veulent s'engager.
Un soir, elles discutent avec leur mère qui s'engage dans une association et elle leur donne des idées.

La mère a préparé une fiche pour ne rien oublier. Lisez-la.
Puis prends le rôle de la mère. Transforme les phrases:
utilise ***l'impératif avec un pronom****, à la forme positive ou négative.*

+	–
- mobiliser les gens autour de vous - parler de leurs problèmes avec les personnes défavorisées - donner de l'argent à notre association - apporter des repas aux gens qui ont faim - aider les enfants qui ont des problèmes dans leurs familles.	- ne pas attendre les autres pour commencer à vous engager - ne pas aller dans les Restos du Cœur pour manger, mais pour vraiment aider - ne pas permettre à vos copains de critiquer[2] votre engagement - ne pas perdre de temps avec des choses inutiles[3]. - ne pas parler des problèmes sans rien faire - ne pas oublier les pauvres animaux qui vivent aussi dans la rue

La mère: Vous voulez vous engager? Vous avez raison, aujourd'hui, c'est impératif!
Il y a tellement de choses à faire! Alors, entre autres, …

- ______________________________
- ______________________________
- ______________________________
- ______________________________
- ______________________________

Et surtout, …

- ______________________________
- ______________________________
- ______________________________
- ______________________________
- ______________________________
- ______________________________
- ______________________________

1 c'est impératif *hier: das ist absolut nötig;* ***2 critiquer qn*** *jdn. kritisieren:* ***3 inutile*** *hier: unnütz*

Klettbuch 622109 Découvertes 3, Série jaune, Sesam © Ernst Klett Verlag Stuttgart 2014

M 2 KA-Nr.: Name: Datum: Kl./Kurs: L-Krzl.:

Grammaire: Besoin de tout!

Armelle s'engage comme bénévole pour les Restos du Cœur. Il lui faut beaucoup de choses. Elle en parle avec Olivier, le chef de l'équipe, et lui montre sa liste.

*Lis leur dialogue. Puis, écris les questions d'Olivier et formule les réponses d'Armelle. Utilise l'expression **«avoir besoin»** et **«en»**.*

du pain
des œufs
de la confiture
2 kg de sucre
des vêtements neufs
toujours de l'argent

1. *Olivier:* Armelle, tu ______________________________?

Armelle: Oui, ______________________________.

2. *Olivier:* ______________________________?

Armelle: Oui, ______________________________. Je n'______________ ai que six.

3. *Olivier:* D'accord. ______________________________?

Armelle: Moi non, mais Pierre, lui, il ______________________________.

4. *Olivier:* Et vous, ______________________________?

Armelle: Oui, nous, ______________________________ aussi.

5. *Olivier:* Ton équipe ______________________________?

Armelle: Nous non, mais l'équipe de demain ______________________________.

6. *Olivier:* Et les autres ______________________________?

Armelle: Oui, les bénévoles de demain ______________________________.

7. *Olivier:* Et il te faut quelqu'un pour t'aider cet après-midi?

Armelle: Non merci, je ______________________________.

Vocabulaire: Le monde des médias

En cours de français, la prof parle des médias français. Pour savoir ce que ses élèves ont vraiment appris, elle distribue[1] un texte à trous.

*Lis son texte, puis remplis les phrases avec des mots / expressions **qui vont avec le contexte**.*

La télévision française a plusieurs ____________________: France 2, par exemple,
est ____________________, mais TF 1 est ____________________.
Il y a aussi ARTE qui présente des programmes ____________________.
Sur Arte, on trouve beaucoup d'____________________ culturelles.
Bien sûr, pour les gens qui aiment lire, on trouve en France des grands ____________________
comme *Le Monde* ou *Le Figaro.* Ce sont des ____________________ qu'on peut lire chaque jour.
Le Nouvel Observateur est un ____________________ très connu qui
____________________ aussi des grands problèmes de la ____________________.
Les enfants qui s'intéressent à la science peuvent lire les articles de *Science et Vie*
qui ____________________ spécialement à un public de ____________________.
Et pour toutes les personnes qui préfèrent écouter l'____________________ à la radio,
il y a *France Inter*, une radio nationale. Depuis déjà quelques années, la France a aussi des radios
____________________ dans beaucoup de régions.

---

1 distribuer *austeilen*

M 2 KA-Nr.: Name: Datum: Kl./Kurs: L-Krzl.:

Vocabulaire: Vivre en société: qui est qui? Qui fait quoi?

Lis la définition et note le mot qui correspond.

1. C'est une personne qui travaille pour aider les pauvres sans jamais gagner d'argent. ______________________

2. C'est un homme ou une femme qui écrit des livres, par exemple des romans. ______________________

3. Ce sont les gens qui viennent d'autres pays pour travailler ou vivre dans un autre pays. ______________________

4. C'est une personne qui regarde quelque chose, par exemple à la télé. ______________________

5. C'est quelqu'un qui aime raconter des choses drôles et qui présente ses spectacles sur scène. ______________________

6. C'est quelqu'un qui vient d'un autre pays, mais qui n'a pas de passeport et qui n'a pas le droit de rester dans ce pays. ______________________

7. Ce sont tous les journaux: les quotidiens comme *Le Monde*, et les magazines qui sortent une fois par semaine ou une fois par mois. ______________________

8. C'est quelqu'un qui travaille dans un autre pays pour représenter officiellement son pays. ______________________

9. C'est un groupe de personnes qui aident les autres ou qui font par exemple du sport ensemble. ______________________

Vocabulaire: Phrases utiles

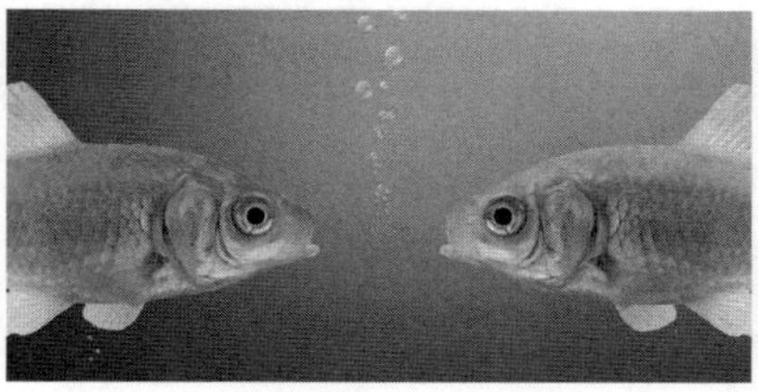

Tu vas bientôt partir chez ton correspondant / ta correspondante en France.

Imagine les situations suivantes: qu'est-ce que tu vas pouvoir dire?

1. Ton / Ta corres veut partir, mais tu n'es pas encore prêt(e). Il te faut encore quelques minutes. ______________________

2. Vous vous êtes disputé(e)s hier et tu ne veux plus en parler. ______________________

3. Tu as fait quelque chose qui n'est pas vraiment correct et tu demandes pardon à ses parents. ______________________

4. Ton / Ta corres n'est pas encore prêt(e) à partir à l'école et il est déjà tard. Il / Elle doit faire vite. ______________________

5. Tu veux savoir si tu dois aider ton / ta corres aujourd'hui ou si tu peux faire quelque chose d'autre. ______________________ ______________________

6. Tu expliques à sa mère que rien ne manque / que tu as tout ce qu'il te faut. ______________________

7. Ton / Ta corres te raconte une histoire que tu ne peux pas croire. ______________________

8. Tu expliques que ton voyage est fantastique et que tu ne vas jamais l'oublier. ______________________

Vocabulaire / Ecrire: Un appel à l'aide pour une bonne cause[1]

Quelques élèves du lycée *Jean Desfontaines* de Nevers ont décidé de s'engager pour aider les gens qui sont très pauvres. Ils font une affiche pour demander l'aide des autres élèves.

Formule le texte de l'affiche pour présenter le projet:
- *donne un titre à ton affiche,*
- *explique la situation des personnes défavorisées avec trois exemples,*
- *propose ensuite quatre formes d'engagements possibles,*
- *donne une date et un endroit pour une rencontre avec tous les jeunes qui sont intéressés,*
- *trouve une formule pour terminer l'affiche.*

Utilise autant de nouveaux mots / nouvelles expressions que possible.
(Verwende so viele neue Wörter / Ausdrücke wie möglich.)

Appel à tous!

____!

Aujourd'hui, il y a beaucoup de personnes ____________________

qui ...

- ____
- ____
- ____
- ____
- ____
- ____
- ____

Que faire? Par exemple ...

- ____
- ____
- ____
- ____
- ____
- ____
- ____
- ____
- ____

Vous êtes intéressé(e)s? Alors, ...

____

____

____

Tous ensemble ____________________________!

____!

____!

***1 une cause** hier: ein Zweck*

Mündliche Klassenarbeit / Schulaufgabe

Informations: L'épreuve globale dure 18 minutes au maximum et se déroule en **trois parties:** un entretien dirigé, un échange d'informations et un dialogue simulé (ou un jeu de rôle).

Partie A, entretien dirigé: Ton / Ta professeur(e) te pose deux ou trois «questions brise-glace» pour commencer. Tu réponds spontanément.

Partie B, monologue: Tu regardes et décris une image. Tu parles librement.

Partie C, discussion en groupe: Tu discutes avec deux partenaires. Chacun de vous a un temps de préparation de 10 minutes. Vous pouvez prendre des notes que vous pouvez utiliser comme aide-mémoire pendant l'épreuve. Pensez à parler le plus librement possible.

Partie A: Questions brise-glace — Durée: 1–2 mn

Réponds aux questions de ton / ta professeur(e).

Partie B: Parler d'une image (monologue) — Durée: 2 mn

Voilà trois photos. Décris l'une d'elles. A ton avis, qu'est-ce qui s'est passé dans leur vie? Imagine aussi l'avenir (Zukunft) des personnes représentées. Raconte leur histoire aux temps qu'il faut. Tu peux utiliser les mots suivants:

être couché(e) par terre auf dem Boden liegen; *une serviette hier:* ein Handtuch; *le vin* der Wein; *l'alcool* der Alkohol; *rendre malade* krank machen / *tomber malade* krank werden; *avoir froid* frieren; *faire attention à qn* auf jdn. aufpassen.

1

2

3

Parler KA-Nr.: Name: Datum: Kl./Kurs: L-Krzl.:

Partie C: On s'engage? (discussion en groupe) **Durée: environ 6 mn**

Un samedi après-midi, trois élèves d'un lycée se rencontrent et une discussion commence parce qu'un de leurs professeurs leur a parlé des problèmes des personnes défavorisées. Ils échangent leurs idées, leurs opinions et leurs arguments.

Discutez, puis trouvez une solution que tout le monde peut accepter.

- **Copain / Copine 1** voudrait s'engager pour aider les Restos du Cœur.

- **Copain / Copine 2** aimerait mieux s'engager sans aider une organisation.

- **Copain / Copine 3** préfère s'engager pour aider les animaux abandonnés.

Fit für Tests und Klassenarbeiten

Das Arbeitsheft für Schülerinnen und Schüler enthält zusätzlich auf der beiliegenden CD-ROM auch einen Bereich ***En plus – différenciation***. Diese Zusatzaufgaben zur Differenzierung gibt es zu allen grundlegenden Fertigkeiten. Sie sind zum Teil einfacher als die Aufgaben im Printteil und helfen den Schülerinnen und Schülern, rasch auf das geforderte Niveau zu kommen, bzw. bei schwierigeren Varianten, schneller Fortschritte zu machen.

Das Arbeitsheft zu Band 2

zu Découvertes 2, Série jaune	978-3-122-622020-0	€ 12,95	◐

Das Arbeitsheft zu Band 3 ist vormerkbar und erscheint August 2014.

zu Découvertes 3, Série jaune	978-3-122-622030-4	€ 12,95

◐ Bei diesen Titeln erhalten Sie als Lehrerin oder Lehrer ein Prüfstück zum Prüfpreis mit 20 % Ermäßigung.
Das Angebot gilt nur für Titel, die grundsätzlich zur Einführung geeignet sind.
Die Euro-Preise gelten in der Bundesrepublik Deutschland | Preise freibleibend, Stand 1.1.2014 |
Wenn Sie unter www.klett.de bestellen bezahlen Sie pauschal € 2,50 für Porto und Verpackung, bei allen übrigen Bestellwegen € 4,45.

Trackliste

Audiomaterialien (Audio-CD und CD-ROM)

Track	Unité	Page	Partie	Titre	Durée
1	1	6	A–C	Un poème pour Coralie	2'08
2	1	CD	A–C	C'est la rentrée.	3'06
3	2	11	A–C	Le deuxième jour au collège	3'01
4	3	16	A–C	La journée d'orientation	4'21
5	4	24	A–C	Dans le car	4'35
6	4	CD		Nos projets pour le week-end (Médiation)	5'02
7	5	31	A+B	Un exposé pas comme les autres	6'49
8	5	CD	A–C	Conversation de lundi	4'35
Track	**Module**	**Page**	**Partie**	**Titre**	**Durée**
9	1	37	A–C	Une journée de vacances	5'14
10	2	43	A+B	Un concert bien gagné! (Première partie)	4'03
11	2	44	C	Un concert bien gagné! (Deuxième partie)	2'34

Videomaterial

mp4	Unité	Page	Partie	Titre	Durée
	3	22	A–D	Clément, jeune pâtissier	2'55

Bildquellenverzeichnis

CD-ROM: akg-images, Berlin, L5 Ecrire.4; Alamy Images (Derek Croucher), Abingdon, Oxon, L5 Ecrire.2; BigStockPhoto.com (dragonflykishar), Davis, CA, M2 Mediation.2; CC-BY-3.0 (Helac), siehe *1, L4 Lire + Diff.2; (NAMTS - GIE SESAM-Vitale) *1, L3 Mediation; (Wilfried Fauvel) *1, L4 Testformat La langue dans son context.1; CC-BY-SA-3.0 (Benh LIEU SONG), siehe *3, L4 Lire + Diff.3; (cc-by-sa / Studmult) *3, L5 Lire.2; (Cezary Piwowarski) *3, L4 Ecouter.1, L4 Gram Voc Diff.2; (jandiano) *3, L5 Ecrire Diff.1; (Raphodon) *3, M1 Ecrire.5; (Richard Bartz) *3, L4 Gram Voc.3; (wpopp) *3, M1 Ecrire.3, M1 Mediation (Variante).1; Comité Régional du Tourisme Centre-Val de Loire, L4 Lire.1, L4 Lire.2; (M.Fremont CRT Centre Val de Loire), Orleans, L4 Lire.3; Corbis (Julien Hekimian/Sygma), M2 Parler.4; (Noel Quidu/Kipa), Düsseldorf, M2 Lire.1; dreamstime.com (Mikhail Olykainen), M2 Mediation.3; (Nicknickko), L3 Testformat La langue dans son contexte.1; (Pardojavi), Brentwood, TN, M2 Mediation.4; Éditions du Seuil, Paris cedex 14, M1 Ecrire.4, M1 Testformat La langue dans son contexte.4; Fotolia.com (ALIAS), M2 Gram Voc.5; (AndreasJ), L4 Ecrire.3; (Art Photo Picture), M2 Ecrire.1; (Brad Pict), M1 Voc.1; (Claude Coquilleau), M1 Gram Voc.1; (Denis Cordier), L5 Ecouter.2; (edou777), L5 Ecrire.5; (Floki Fotos), M1 Lire.1; (fotoundmakeup), L2 Mediation.1; (Freesurf), L4 Ecrire.4; (fx18), M1 Gram Voc.6; (Georgios Kollidas), L5 Mediation.2; (Henry Czauderna), L4 Gram Voc.2; (img85h), M1Testformat La langue dans son contexte.1; (juat), L4 Ecrire.1; (julien tromeur), L3 Ecouter.1; (kebeart photo), L2 Lire.1; (laurent hamels), L3 Grammaire.1; (Lorelyn Medina), L2 Testformat La langue dans son context.2; (M.studio), L3 Lire.1; (Marco2811), L5 Gram Voc.4; (Martine Coquilleau), M1 Ecrire.1; (Michaela Steininger), L1 Ecrire.1; (Moultipix), M2 Gram Voc.6; (OSCAR), M1 Gram Voc.7; (Patryssia), L5 Lire.1; (Paty Wingrove), L1 Lire.1; (Philippe Devanne), L4 Lire.1; (Piero Gentili), L5 Testformat La langue dans son contexte.2; (ProMotion), M1 Gram Voc.5; (rsester), L5 Gram Voc.3; (Somwaya), M1 Gram Voc.8; (tarei), L5 Ecrire Diff.3; (travelpeter), New York, L5 Gram Voc.5; Mit freundlichen Genehmigung des Kosmos Verlags, entnommen aus: Steckelmann, Die drei !!! - Vampire der Nacht © 2010 Franckh-Kosmos Verlags-GmbH & Co. KG, Stuttgart, Stuttgart, L1 Mediation.3; Geoatlas, Hendaye, L5 Testformat La langue dans son context.2; Getty Images (AFP PHOTO / ABDELHAK SENNA), L5 Mediation.2; (BananaStock), M2 Parler.2; (Mike Pont/FilmMagic), L5 Gram Voc.7; (OLIVIER MORIN/AFP), M2 Ecouter.2; (THONY BELIZAIRE/AFP), München, L3 Grammaire.2; Imago, Berlin, L4 Ecrire.2, L5 Ecrire.4, L5 Ecrire Diff.1, L5 Lire.2, M2 Parler.1; iStockphoto (marina_mikhaylova), Calgary, Alberta, L5 Ecrire.1; Knesebeck Verlag, München, L5 Mediation.1; laif, L2 Mediation.3; (ALESSANDRO TOSATTO/CONTRASTO), L4 Mediation.1; (Berti Hanna/REA), L4 Gram Voc.1; (Franco Zecchin/The New York Times), M1 Gram Voc.4; (Gerard GUITTOT/REA), M1 Ecrire.2; (Manfred Linke), L4 Lire.4; (Patrick Frilet / hemis.fr), Köln, L5 Gramm Voc.2; Logo, Stuttgart, M1 ram Voc.3, M2 Gram Voc.1, M2 Gram Voc.2, M2 Gram Voc.3, M2 Gram Voc.4, M2 Testformat La langue dans son contexte.1; "Pâtissier" © Onisep - Midi Libre 2009, Regarder une vidéo.2; (2013), Regarder une vidéo.1; Onisep, MARNE LA VALLEE CEDEX 2, Lösungen.1; Organisation Internationale de la Francophonie, Paris, L5 Mediation.1; PantherMedia GmbH (Dominika Lukaszun), L5 Gram Voc.6; (Gerhard Mayer), München, L4 Gram Voc Diff.1; Picture-Alliance (maxppp), Frankfurt, M2 Gram Voc.7; Plantu, Paris, L4 Ecrire.1; Priener Tourismus GmbH / PRIENAVERA Erlebnisbad, Prien am Chiemsee, L4 Ecrire.5, L4 Ecrire.6; Rowohlt Verlag GmbH, Reinbek, L1 Mediation.2; shutterstock (Archiwiz), M2 Parler.5; (RimDream), L2 Lire.1 b; (Teguh Mujiono), M1 Gram Voc.2; shutterstock, L1 Mediation.1; (criben), L1 Lire.3; (daimblond), L5 Gramm Voc.1; (Iakov Filimonov), L2 Lire a.5, L2 Lire b.4; (littleny), L2 Lire a.2, L2 Lire b.1; (ndoeljindoel), L3 Lire.1; (Noam Armonn), L5 Ecouter.1; (PHB.cz (Richard Semik)), L2 Mediation.1; (Philip Lange), L5 Ecrire Diff.5; (Roman Samokhin), M2 Parler.6; (Sam Dao), L5 Ecrire.3; (sianc), L2 Lire a.3, L2 Lire b.2; (Stephane Bidouze), M2 Parler.3; (Tyler Olson), L3 Mediation.1; (Wallace Weeks), L2 Mediation.2; (WilleeCole), New York, NY, L2 Lire a.4, L2 Lire b.3; Thienemann Verlag GmbH (Bianka Minte-König "Milas Ferientagebuch: Paris" © by Planet Girl Verlag, Stuttgart/Wien. www.planet-girl-verlag.de), Stuttgart, L1 Mediation.4; Thinkstock (Comstock Images), L3 Lire.2; (Hemera), M2 Ecrire.2; (Lifesize), L5 Lire.1; (Polka Dot), L1 Ecrire.2, L1 Lire.2; (Stockbyte), München, L2 Vocabulaire.1; Ullstein Bild GmbH (Gerhard), M1 Ecouter.1; (imagebroker. net / Wigbert Röth), Berlin, L5 Ecrire Diff.2; Ville de Montélimar, MONTELIMAR CEDEX, L2 Ecrire.1

*1 Lizenzbestimmungen zu CC-BY-3.0 siehe: http://creativecommons.org/licenses/by/3.0/de/
*3 Lizenzbestimmungen zu CC-BY-SA-3.0 siehe: http://creativecommons.org/licenses/by-sa/3.0/de/

Sollte es in einem Einzelfall nicht gelungen sein, den korrekten Rechteinhaber ausfindig zu machen, so werden berechtigte Ansprüche selbstverständlich im Rahmen der üblichen Regelungen abgegolten.